*21 au 24 Novembre 1906*

*marqué 99P*

COLLECTION DE M. VICTOR BOUVRAIN

(PREMIÈRE PARTIE)

*Vente des 21 au 24 Novembre 1906*

HOTEL DROUOT — SALLE N° 9

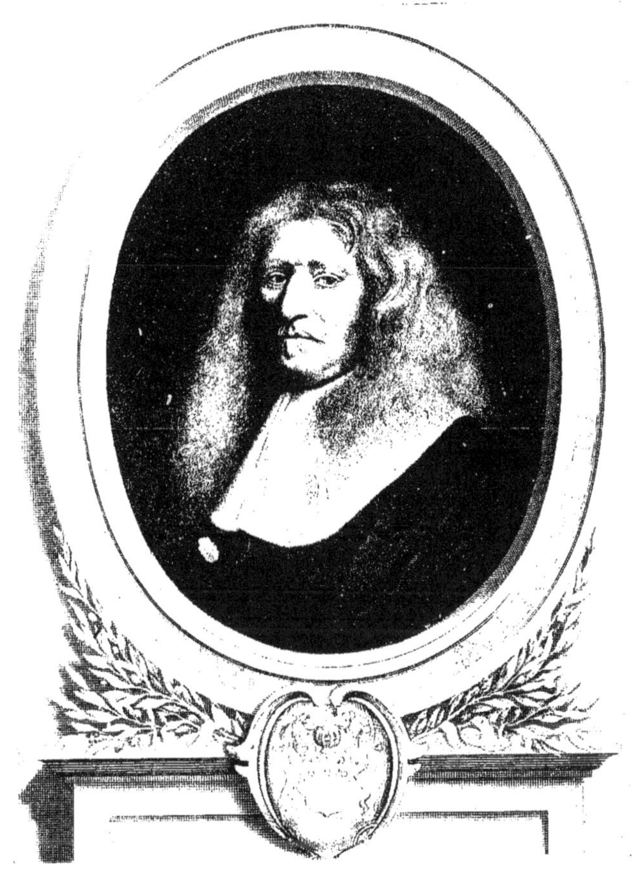

N° 398 du Catalogue

# ŒUVRES de CHARLES MERYON

# PORTRAITS ANCIENS

M° MAURICE DELESTRE — M. LOYS DELTEIL

[illegible]

IMPRIMERIE
FRAZIER-SOYE
153-155-157, Rue Montmartre
PARIS

# CATALOGUE

DES

# EAUX-FORTES

DE

## CHARLES MERYON

ET

de la nombreuse réunion de

# PORTRAITS

formant la première partie de la Collection

DE

## M. VICTOR BOUVRAIN

ARCHITECTE

---

*Dont la vente aura lieu*

**à Paris, HOTEL DROUOT, Salle N° 9**

Les 21, 22, 23 et 24 Novembre 1906

*à 2 heures précises*

---

Par le Ministère de Me MAURICE DELESTRE

COMMISSAIRE-PRISEUR

5, rue Saint-Georges

Assisté de M. LOYS DELTEIL, Artiste-Graveur, Expert

22, rue des Bons-Enfants

# CONDITIONS DE LA VENTE

Elle sera faite au comptant.

Les adjudicataires paieront *dix pour cent* en sus des enchères.

M. Loys Delteil remplira les commissions que voudront bien lui confier les amateurs ne pouvant y assister; il se réserve, en outre, la faculté de diviser ou de rassembler les lots.

MM. les amateurs pourront visiter la collection, 22, *rue des Bons-Enfants*, du Mardi 13 au Mardi 20 Novembre 1906, de 2 heures à 5 heures, le *Dimanche excepté.*

*Ordre des Vacations :*

| | |
|---|---|
| Mercredi 21 Novembre . . . . | Nos 1 à 51 (Meryon) |
| et | 1 à 150 |
| Jeudi 22 Novembre . . . . . . | 151 à 350 |
| Vendredi 23 Novembre . . . . | 351 à 560 |
| Samedi 24 Novembre . . . . . | 561 à la fin. |

*POUR PARAITRE LE 15 FÉVRIER 1907*

# Le Peintre-Graveur Illustré

(XIX^e & XX^e SIÈCLES)

par

## LOYS DELTEIL

---

### TOME II consacré à CHARLES MERYON

et contenant la biographie du Maître, le Catalogue raisonné de son œuvre gravé et le fac-similé de toutes les pièces décrites

I volume in-4° d'environ 200 pages, orné de portraits de MERYON, d'environ 170 fac-simile et d'une eau-forte originale de MERYON.

Justification du Tirage :

40 Exemplaires de luxe avec une eau-forte originale de MERYON (*Le Bain-froid Chevrier*). . . . . . . . . . **40** francs
400 Exemplaires avec l'eau-forte de MERYO[illegible] . . **20** —
200 — sans l'eau-forte. . . . . . **14** —

A l'apparition de l'ouvrage, le prix en[illegible]té, pour les exemplaires de luxe, à **50** francs, et pour le[illegible]plaires ordinaires à **25** et **20** francs.

---

## BULLETIN DE SOUSCRIPTION

(A renvoyer à M. LOYS DELTEIL, 22, rue des Bons-Enfants)

*Je, soussigné, déclare souscrire à ........................ exemplaire du Tome II^e du PEINTRE-GRAVEUR ILLUSTRÉ, au prix ........................ francs l'exemplaire.*

*Signature et Adresse :*

---

### LETTRE OUVERTE A MM. LES AMATEURS

*Nous prions instamment MM. les Amateurs possédant des eaux-fortes de MERYON, de vouloir bien nous les signaler pour notre travail, en nous envoyant la désignation des pièces et des états les plus remarquables renfermés dans leurs collections.*

L. D.

# DÉSIGNATION

## MERYON (Charles)

1. Meryon (Charles), fac-simile d'un dessin de L. Flameng. Très belle épreuve.

2. Le Pont-Neuf et la Samaritaine de dessous la première arche du Pont-au-Change, d'après Nicolle. Superbe et rare épreuve avant la lettre.

3. Le Pont-au-Change vers 1784, d'après Nicolle. Très belle épreuve *avant les mots : tiré du...* etc.

4. Rue Pirouette. Très belle et rare épreuve *avant les changements dans les inscriptions* et *avant les noms des artistes en marge.*

5. Partie de la cité de Paris, vers la fin du XVIIe siècle. Superbe et fort rare épreuve, *avant toute lettre et avant que le ciel ne soit terminé à gauche.*

6. La même estampe. Très belle épreuve avec la lettre.

7. Le Grand Chatelet vers 1780. Très belle épreuve avant la lettre.

8. La même estampe. Très belle épreuve.

9. Dédicace à Reinier Zeeman. Très belle épreuve. Rare.

10. Ancienne porte du Palais de Justice. Très belle épreuve.

10 *bis.* Armes de la Ville de Paris. Très belle épreuve.

11. Le Stryge. Très belle épreuve, les vers effacés, mais avant les retouches dans le fond, et avant le titre.

12. La même estampe. Très belle épreuve avec les retouches dans le fond, encore avant le titre.

13. Le Petit Pont. Belle épreuve, avant le titre.

14. La même estampe. Très belle épreuve de l'édition de luxe du journal *L'Artiste*.

15. L'Arche du Pont Notre-Dame. Belle épreuve *avant le titre*.

16. La même estampe en même état.

17. La Galerie Notre-Dame. Très belle épreuve avec le titre, mais *avant le n° et l'adresse de Delatre*.

18. La Rue des Mauvais Garçons. Très belle épreuve.

19. La Tour de l'Horloge. Belle épreuve avant la lettre.

20. La même estampe. Très belle épreuve de l'édition de luxe du Journal *L'Artiste*.

21. Tourelle de la Rue de la Tixeranderie. Belle épreuve *avant la lettre*.

22. La même estampe en même état, sur chine.

23. St Etienne-du-Mont. Belle épreuve *avant que les bras de l'ouvrier n'aient été regravés*.

24. La même estampe. Belle épreuve du même état, sur chine.

25. La Pompe Notre-Dame. Belle épreuve *avant la lettre*.

26. La même estampe. Très belle épreuve de l'édition de luxe du journal *L'Artiste*.

27. La petite Pompe. Très belle épreuve.

28. Le Pont Neuf. Très belle épreuve avec le titre, mais avant le n°.

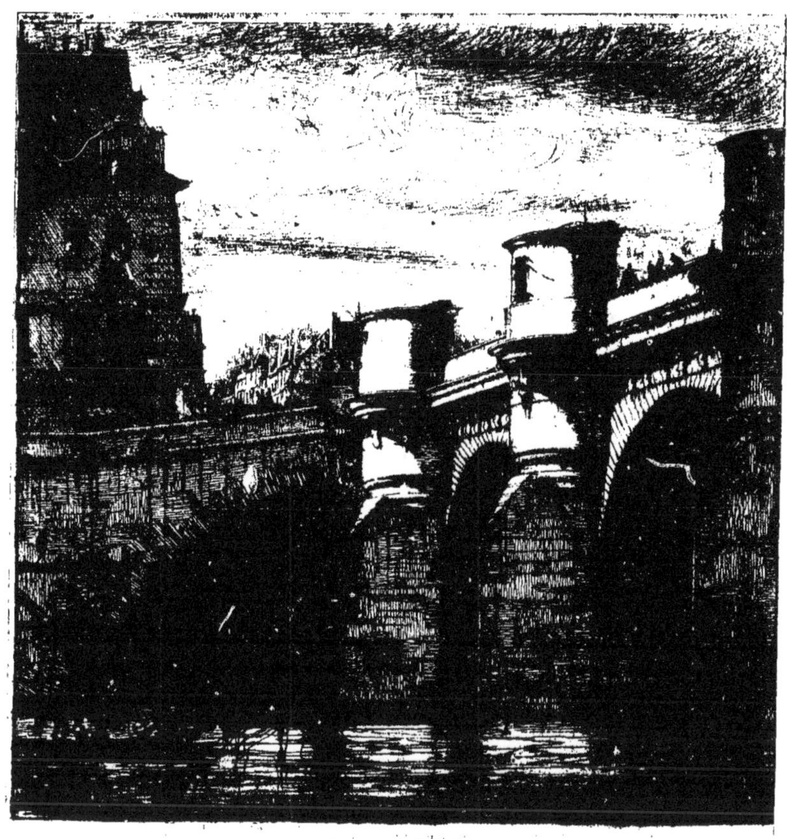

N° 28 du Catalogue.

29. Le Pont-au-Change. Très belle épreuve, avec un vol de corbeaux, et le titre, sur chine.

30. La Morgue. Belle épreuve *avant le titre*, sur chine.

31. L'Abside de Notre-Dame de Paris. Belle épreuve avant le titre et avant que le millésime n'ait été effacé.

32. La même estampe. Très belle épreuve sur chine, le millésime effacé.

33. Tourelle, dite de Marat. Très belle épreuve *avec les figures allégoriques dans le ciel.*

34. La Rue des Chantres. Très belle épreuve *avant la lettre.*

34 *bis.* L'Ancien Louvre, d'après R. Zeeman. Très belle épreuve *avant la lettre.*

35. Ancienne habitation à Bourges. Très belle épreuve *avant la lettre*, sur chine.

36. Collège Henri IV. Très belle et rare épreuve *avec la mer comme fond*, et *avant le monogramme.*

37. La même estampe. Très belle épreuve du dernier état.

38. Bain-froid Chevrier. Très belle épreuve *avec la planche de vers.*

39. Le Ministère de la Marine. Très belle épreuve *avant la lettre.*

40. La Salle des Pas-Perdus, au Palais-de-Justice, d'apr. A. Ducerceau. Très belle et fort rare épreuve du 1er état, *non terminé*, *avant toutes lettres.*

41. San Francisco. Très belle épreuve.

42. Titre des eaux fortes sur Paris, 2 épreuves. — Le Pavillon de Mademoiselle et l'Entrée du Fg Saint-Marcel, d'apr. Zeeman. — Salle des Pas-perdus, d'apr. Du Cerceau. Cinq pièces.

43. La Tour de l'Horloge — La Pompe Notre-Dame — Tombeau de Molière — La Passerelle du Pont-au-Change après l'incendie de 1621, 2 épr. Cinq pièces.

44. Adresse de Rochoux. Très belle épreuve *tirée en 2 tons.*

45. Vers à Eugène Bléry. Très belle épreuve. Rare.

46. La Loi Lunaire, 1re pl. Très belle épreuve. Rare.

47. Le Malingre cryptogame — Chaumière du Colon — Etat de la petite Colonie Française d'Akaroa — Pointe des Charbonniers, à Akaroa — Pêche aux Palmes — Greniers indigènes à Akaroa — Le Pilote de Tonga — Rébus. Huit pièces. Belles épreuves.

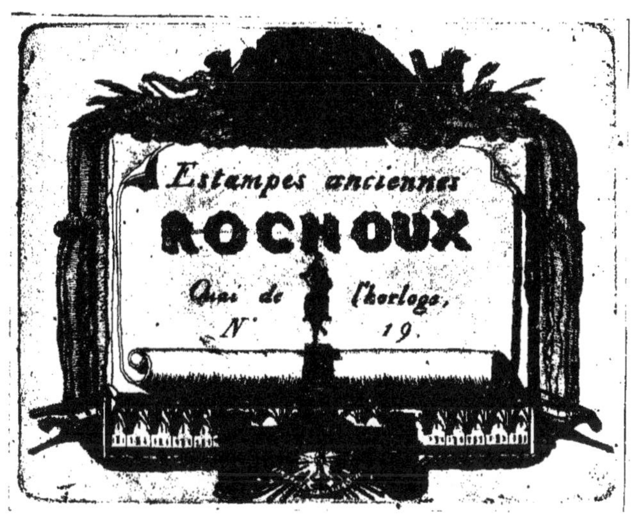


N° 44 du Catalogue.

48. Rébus — Marines — Plan du Combat de Sinope — Le Valère Maxime présenté à Louis XI, etc. Huit pièces. Belles épreuves.

49. Lecomte (Casimir), d'apr. G. Boulanger. Très belle épreuve.

50. Boulay-Paty (Evariste), d'apr. David d'Angers. Très belle épreuve.

51. Fillon (B.). Très rare épreuve *avant la lettre sur chine.*

# PORTRAITS

## ALIX (Pierre-Michel)

1. Voltaire, d'apr. Garnerey, épreuve *imp. en couleurs.*

2. Malesherbes. Superbe épreuve *avant toutes lettres, imp. en couleurs.*

3. Mirabeau, d'apr. L*. Très belle épreuve, *imp. en couleurs.*

4. Lavoisier. Superbe épreuve *avant toutes lettres, impr. en couleurs.*

5. Marat (J. P.), d'après Garnerey. Très belle épreuve *impr. en couleurs.*

6. Chalier (Joseph), d'apr. le même. Très belle épreuve, *impr. en couleurs.*

7. Lepelletier (Michel) — Bailly (J. S.). Deux pièces d'après Garnerey. Très belles épreuves, *impr. en couleurs.*

8. Le Vacher de Charnois, d'apr. Violet. Très belle épreuve, *impr. en couleurs.*

9. Napoléon Bonaparte, 1er Consul, d'apr. Appiani. Superbe et très rare épreuve *avant la lettre, impr. en couleurs.*

10. Fontenelle — Mably — Condillac. Trois pièces. Très belles épreuves, *impr. en couleurs.*

## AMÉRIQUE (Estampes relatives à l')

11. Laudonnière (René de), par Crispin de Pas. — Marie de l'Incarnation (La V. M.), par J. Edelinck. Deux pièces rares.

12. Franklin (B.), par Fessard, d'apr. Carmontelle. Belle épreuve.

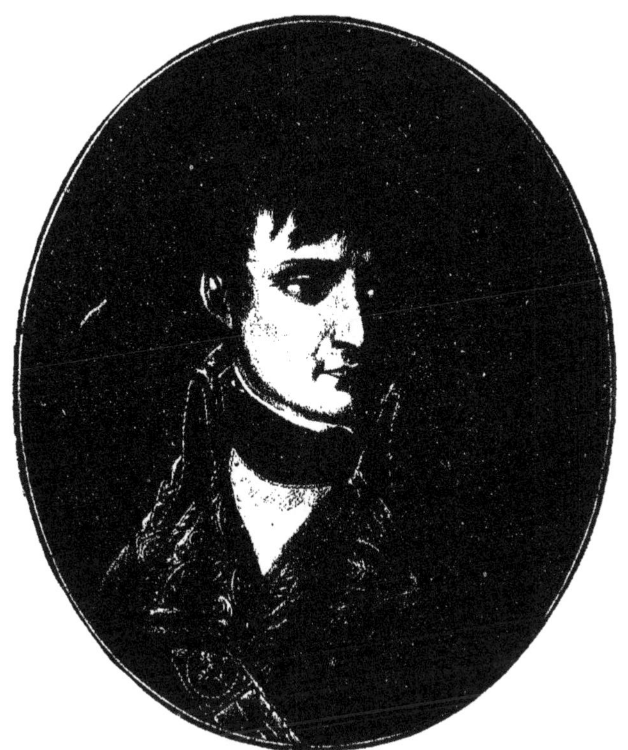

N° 9 du Catalogue.

### AMMAN (Jobst)

13. Coligny (Gaspard de) (B. 17). Belle épreuve.

### ANSELIN (J. L.)

14. La Belle Jardinière (Mme de Pompadour), d'apr. C. Vanloo. Très belle épreuve à grandes marges.

### AUDINET (Pierre)

15. Cléry (J. B.), dernier serviteur de Louis XVI, d'apr. H. Danloux. Belle épreuve tirée en bistre.

### AUDRAN (Benoit)

16. Le Groux de la Berchère (Ch.), d'apr. Boulongne — Jubé (Jacq.), d'apr. B. Brant — Fenelon, d'apr. J. Vivien — La Valette (L. Th. de), d'apr. Bonnet — Blaise (Frère), d'apr. De Troy. Cinq pièces. Belles épreuves.

17. Thomas de la Valette (R. P. L. de) — Rainaud (R. P. Paul), d'apr. Bonnet — Feu (Franç.), d'apr. Feuillet et Piauger — Bignon (J. P.), d'apr. J. Vivien — Montfaucon (Bern. de), d'apr. Geuslin, épr. une *avant toute lettre*. Six pièces. Belles épreuves.

### AUDRAN (Gérard)

18. Limoges (Guil. de) (R. D. 68). Très belle épreuve *avant l'adresse du graveur*.

### AUDRAN (Jean)

19. Louis XV, en pied, d'apr. Gobert. Très belle épreuve.

20. Coyzevox (Ant.), d'apr. H. Rigaud, épreuve *avant toute lettre*.

21. Gillet (F. P.), d'apr. J. Tortebat, 1715 — Clement d'Affincourt (P.), d'apr. H. Rigaud — Baillet (Adr.) — Rubens d'apr. A. van Dyck — Secousse (F. R.), d'apr. H. Rigaud — Cherier (C.). d'apr. Tortebat — St François de Sales — Henriette d'Angleterre, d'apr. Vander Werff. Huit pièces. Belles épreuves.

### AUDRAN (Karl)

22. Seguier (P.), d'apr. F. Chauveau — Vic (D. de), d'apr. C. Carette — Joyeuse (R. P. Angel de). Trois pièces. Belles épreuves.

### AUDRAN (B. et J.)

23. Statue équestre de Louis XIV, par Desjardins et Coustou, érigée à Lyon. Grand in-fol. Belle épreuve.

### AVED (d'après J.)

24. Aved (M$^{me}$) — Loizerolle (M$^{lle}$), filant au rouet. Deux pièces par J. Baléchou. Belles épreuves.
25. Troy (J. F. de), par N. De Launay. Très belle et rare épreuve *avant la lettre.*
26. Crébillon, par Baléchou, 2 p$^{ts}$ diff. — Rousseau (J. B.), par G. F. Schmidt. Trois pièces. Belles épreuves.
27. Cazes (P. J.), par Le Bas, 1730 — Tachereau de Lynières, par Baléchou — Capperonnier (Cl.), par Lépicié — Seine (Catherine de), par Lépicié. Quatre pièces. Belles épreuves.

### AVELINE (Pierre)

28. Chuppin, d'apr. Autreau fils. Belle épreuve *avant la lettre.*

### AVRIL — BERVIC — BLOT — BOURGEOIS

29. Avril père (J. J.), d'apr. M$^{me}$ Auzou — Linné (Ch.), d'apr. Roslin — Gery (A. G. de) — Martini. Quatre pièces. Très belles épreuves.

### BALÉCHOU (Jean-Joseph)

30. Porée (P. Charles), d'apr. Neilson — Salvador (J. F. de), d'apr. Ph. Sauvan — Julienne (J. de), d'apr. de Troy — Rollin (Ch.), d'apr. C. Coypel. Thomas (Henri de), d'apr. R. Viale. Cinq pièces. Belles épreuves.

### BARON (Bernard)

31. Hardwicke (Philip, Lord), en pied, d'apr. A. Ramsay, 1749. Belle épreuve.

### BARTOLOZZI (François)

32. Vander Noot (H. C. N.), d'apr. P. de Glim, 1787. Très belle épreuve tirée en bistre.

### BARY (Hendrick)

33. La Vallière (D^sse de). Très belle épreuve. Rare.

### BASSE (Martin) — MECHELEN — BARBERY

34. Esti (Guil.), 1608 — Bosquier (Ph.), 1619 — Urbain VIII, 1623 — Le Ragois de Bretonvilliers (A.), d'apr. Montagne. Quatre pièces. Belles épreuves.

### BASSET (à Paris chez)

35. Charlotte Corday écrivant sa dernière lettre à son Père. Belle épreuve.

### BAUSE — MULLER — MORACE — BOHM

36. Frédéric II, roi de Prusse — Spalding (J. J.), d'apr. A. Graff — Notter, d'apr. Hetsch — Jenner (Edouard), *avant la lettre* — Schubart (C. F. D.) — Klopstock. Six pièces. Belles épreuves.

### BAZIN (Nicolas)

37. Helyot (M^me), 1683. 2 épreuves — Larcher (Nic.), d'apr. J. B. de Cany, 1693 — Helyot (M^r) — S^te Isabelle de France, d'apr. Ph. de Champagne — S^t Jean de Dieu. — Verjus (R. P. Ant.), d'apr. J. B. de Cany. — Crasset (R. P. J.), d'apr. Du Mée. — S^t Charles Borromée. Neuf pièces. Belles épreuves.

### BEAUVAIS (Nicolas Dauphin de)

38. Meissonnier (J. A.), d'après lui-même. Très belle épreuve.

### BEAUVARLET (Jacques Firmin)

39. Le Comte d'Artois et Mlle Clotilde, sa sœur, d'après Drouais. Superbe épreuve à toutes marges.

40. Du Barry (Mme), d'après Drouais. Belle épreuve *avant la lettre*, grandes marges.

41. Galitzine (Catherine, Psse), d'apr. Lefèvre. Belle épreuve.

42. Le Berthon (A. J. H.), d'apr. Lonsing. Très belle épreuve *avant toute lettre*, toutes marges.

43. Molière, d'apr. S. Bourdon. Belle épreuve.

44. Perrussault (R. P. Sylvain), d'apr. Dachon — Sage (B. G.), d'apr. Colson — Desmarets (Onuphre), d'apr. Jouffroy — Bourgogne (L. J. Xavier, Duc de), d'apr. Fredou. — Bernard (J. B), d'apr. Voiriot. — Bouchardon (Edm.), d'apr. Drouais. Six pièces, la plupart en très belles épreuves.

### BELLA (Stefano della)

45. B. Rici, bouffon de Ferdinand de Toscane. Très belle épreuve. Rare.

### BIGNON (François)

46. *Les Hommes illustres et grands Capitaines François...* titre, frontispice et 27 pl. in. fol. (y compris un double), d'apr. Heince.

### BLIN (A Paris chez)

47. *Ils reviendront* (Cte d'Artois, Monsieur, Pce de Condé) — *Ils sont nos amis* (Cazalès, Maury, Malouet). Deux petites pièces rondes. Belles épreuves, *coloriées*.

### BLŒMAERT — BOEL — HULSIUS — WAUMANS

48. Kircher (le P. Athanase), 1655 — Tofanis (Colombe de), d'apr. J. B. Ramaciotti — Martinus (R.) — Fromond (L.) — Clément VII — Clément VIII — Paul IV. Sept pièces. Belles épreuves.

### BLOOTELING (A.) — BORREKINS (M.)

49. Baldens (Phil.) — Leyer (Jean), épr. *avant toute lettre* — Ferdinand, évêque de Paderborn, d'apr. T. C. L. B. de Furtenberg — Ignace de Loyola, d'apr. L. Quellinus. Quatre pièces.

### BOISSEVIN et DARET (A Paris chez)

50. Personnages divers. Dix-sept pièces.

### BOLSWERT (Schelte à)

51. Lessius (Léonard) — Pierre l'Ermite — Lorraine (Marguerite de), d'apr. A. van Dyck. — St Ignace de Loyola, d'apr. Rubens. Quatre pièces. Belles épreuves.

### BONASONE (Julio)

52. Buonarotti (Michel-Ange), 2 pls diff. Belles épreuves.

### BONNET (Louis-Marin)

53. Louis XV, roi de France. Grand in fol. Très belle épreuve, *imp. en sanguine.*

### BOSSE (Abraham)

54. La Joye de la France, 1638 (G. D. 1226). Très belle épreuve.

55. Larcher (M.) (554) — Callot (J.) (1234) — Owel (1243) — Dufresne (R.) (1247). Quatre pièces. Belles épreuves.

### BOUCHER (François)

56. Watteau (A.), d'apr. lui-même (de B. 45). Très belle épreuve.

### BOULANGER (Jean)

57. Magdeleine de St Joseph (R. M.) — Olier (J. J.) — Lumagne (Marie) — Regnault de Segrais (J.), d'apr. A. Flamen — Nostradamus (Michel). Cinq pièces. Belles épreuves.

58. Delacroix (le P. Yves), d'apr. G. Perroteau — Olier (J. J.) — Ceriziers (René de) — Haynin (F. I. de) — Barthélemy (Dom.), d'apr. Ph. de Champaigne. — Conti (Arm. de Bourbon, P[ce] de) — Bus (R. P. César de). Sept pièces. Belles épreuves.

**BOUTTATS — AQUILA — BAUDET**

59. Auger (Edm.) — Coton (P.) — Christine, Reine de Suède — Perrault (Ch.), d'après Lebrun. Quatre pièces. Belles épreuves.

**BOYVIN (R.) — BRIOT (I.)**

60. Marot (Clément) — Henri II (épr. rognée) — Malherbe (F. de). Trois pièces.

**BRADEL — CHAMBARS — LE TELLIER**

61. D'Eon de Beaumont (Ch. G. L. A. T.) Six pièces. Belles épreuves, une *avant la lettre*, une autre *tirée en bistre*.

**BRACQUEMOND (Félix)**

62. Goncourt (Edm. et Jules de) — Delacroix (Eug.) — Corot (J. B. C.) — Ex-libris Asselineau, 2 p. — Nerciat. Six pièces. Belles épreuves.

**BREBIETTE — PERRIER — VALLET — COYPEL**

63. Quesnel (Fr.) — Vouet (S.) — Vallet (Pierre) — Aymond Premier — Maroulle (J. A. de). Cinq pièces. Belles épreuves.

**CALAMATTA — DIEN — LECOMTE, etc.**

64. Ingres, d'apr. lui-même — Decamps (A. G.) — Brunet (J. C.) — Gaillard (C.• F.) — Sand (George) — Delaroche (P.) — Lamennais (F.) — Lacordaire (Dominique) — Merlin (C[sse]), très rare. Neuf pièces. Belles épreuves, plusieurs *avant la lettre*.

### CALLOT (Jacques)

65. Delorme (Ch.) (506) — Phalsbourg (P^ce de) (508) — Louis XIII à cheval, en collaboration avec M. Lasne (509). Trois pièces.

### CAMPION DE TERSAN (C. P.)

66. Montesquieu, 1761 et 1764 — M^me Lourot, 1773. Trois pièces. Très belles épreuves.

### CARAGLIO (J.) — VICO (E.), etc.

67. Buonarotti (M. A.) — Aretin (Pierre) — La Vallette (J. de) — Bembo (P.) — Médicis (F. de) — Valverd (J.) — Bologne (J. de) — Grégoire XIII. Huit pièces. Belles épreuves.

### CARDON (Antoine)

68. Catalani (M^me), d'apr. Huet Villiers. Très belle épreuve *impr. en couleurs*, avec *rehauts*.

### CARMONA (Manuel Salvador)

69. Boucher (Franç.), d'apr. Roslin — Collin de Vermont (H.), d'apr. le même — Florez (Enrique) — Rodriguez (Josef) — Caballero y Gongora (Ant.) — Alvarez (Jos. et Fernando), d'apr. Goya et Mengs.

### CARMONA, BRANDI, ESTEVE

70. Prêlats espagnols. Trente-quatre pièces, plusieurs *avant la lettre*.

### CARMONTELLE (L. Carogis de)

71. Chevreuse (le Duc de), par S^t Aubin — Fontenay (G. F. de), par De Lafosse — Trudaine. Trois pièces.

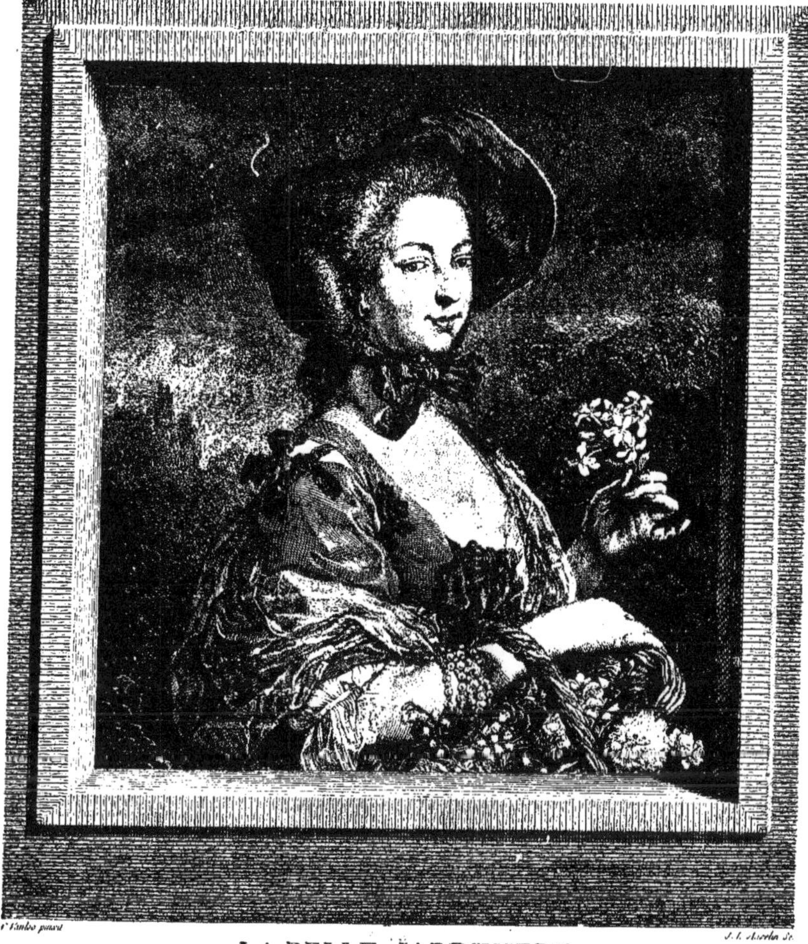

C. Vanloo pinxit — J. L. Anselin Sc.

LA BELLE JARDINIERE M^e de Pompadour

Gravé d'après le Tableau Original qui étoit au Château de Bellevüe, et qui se trouve aujourd'hui en la possession de M.r Fontanel associé honoraire et garde des dessins de l'Académie de Montp.l...

A Paris chez Basan et Poignant rue et Hôtel Serpente

N° 14 du Catalogue.

## CARS (Laurent)

72. Anguier (Mich.), d'apr. G. Revel, 2 épreuves, une *d'essai* — Bourdon (S.), d'apr. H. Rigaud. Trois pièces. Belles épreuves.

## CARS (L. et J. F.)

73. Escobar (R. P. Ant.) — Clugny (Fr. de) — Bonneguise (J. de), d'apr. Charpentier — Blouet de Camilly (F.) — Orléans St Albin (Charles d'), d'apr. Belle — Grammont (Fr. J. de) — Fevret (J.). Sept pièces. Belles épreuves.

## CASA (Nicolo della)

74. Bandinelli (Baccio) (2). Très belle épreuve.

## CATHELIN (Louis-Jacques)

75. Terray (M. Joseph), d'apr. Roslin — Revoire (Raymond), d'apr. Libon Daute-Combe — Jeliote (Pierre), d'apr. L. Tocqué — Turgot (E. Fr.), d'apr. F. Drouais — Baléchou (J. J.), d'apr. Arnavon. Cinq pièces. Belles épreuves.

## CATHELIN, LE VASSEUR, BOSSE, etc.

76. Portraits extraits de la *Galerie Française*. Dix pièces. Très belles épreuves, deux *avant toutes lettres*.

## CHENU — CHALMANDRIER — DAUDET

77. Favart (Mme), d'apr. Garand — Nieuport (Fr. E. de), d'apr. Montperin — Montmorin (G.), d'apr. Marillier — Bouhier (J.), 1732 — Marivaux (P. C. de Chamblain de), d'apr. Garand.

## CHAPLIN (Ch.) — LEGROS (Alph.)

78. Daubigny — C. Nanteuil — Ricard — Ziem — Victor Hugo. Cinq pièces. Belles épreuves.

## CHEREAU (François)

79. Detleu a Dehn (Conrad), d'apr. H. Rigaud. Très belle épreuve, *avant la croix de Danebrog sur le manteau.*

80. Polignac (Melchior, C^al de) — Gondrin (L. A. de Pardaillan de). Deux pièces in-fol. d'apr. H. Rigaud. Très belles épreuves.

81. Lorraine (Franç. Arm. de), d'apr. Tournière — Launay (N. de), d'apr. H. Rigaud — Gassot de Deffens (R.), d'apr. J. Defrenaud — Fleury (C^al de), d'apr. H. Rigaud. Quatre pièces. Très belles épreuves.

82. Pernot (Andoche), d'apr. H. Rigaud, 1719 — Renaudot (Eusèbe), d'apr. J. Ranc — Boullongne (L. de), d'apr. lui-même — Bayle (P.). Quatre pièces. Belles épreuves.

## CHEVILLET — BEAUMONT — BENOIST

83. Laneau (Dom René), d'apr. Restout, *épr. avant toute lettre* — Mercier (B.), d'apr. Voiriot — Laugier (C. B.) — Lenoir, d'apr. Greuze — Hue de Miromesnil, d'apr. P. A. Wille — Buffon, d'apr. Drouais. Six pièces. Belles épreuves.

## CHODOWIECKI (Daniel)

84. Frédéric II, roi de Prusse, passant une revue. Belle épreuve.

## CHOFFARD (Pierre-Philippe)

85. Carte-médaille (Face et revers) de la *Société populaire Lepelletier*. Superbe épreuve. Rare.

## CIPRIANI (Giovanni Battista)

86. Milton (John), à trois âges de sa vie. Trois pièces.

### COCHIN FILS (d'après C. N.)

87. Chardin (J. B. S.) — Cochin (C. N.), épr. *avant la lettre* — Philidor (A. D.) — Coustou (C. P.) — Brenet (N. G.) — Fréron (E. C.) — Seroux d'Agincourt — Watelet (C. H.) — Le Roux (L.) — Jacquier (F. de Paule) — Pommyer (Abbé) — Bouchardon (E.) — Gauzargues (C.) — Rohan-Guéménée (L. de) — Verri (N. de). Quinze pièces par St Aubin, Gaucher, Rousseau, Miger, etc. Très belles épreuves.

88. Charpentier (J. J.) — Watelet (C. H.) — Alembert (d') — Henault (Fr.) — Feray (P.) — Gaurier (A.) — Godefroy de Villetaneuse — Moline (P. L.) — Baumé (A.) — Philidor (A. D.) — Falbaire de Quingey — Louis XV — Fréron — Sarrazin l'aîné (par Cochin père). Quinze pièces par St Aubin, Miger, Cathelin, etc. Belles épreuves.

### COKSON (Thomas)

89. Condé (H. de Bourbon, P[ce] de). Belle épreuve (remmargée).

### COLLAERT (A.) — CLOUET (P. et A.) — DAVID (J.)

90. *Triumphus martyrum ordinis praedicatorum*, 1610 — Caussin (R. P.) — Scribani (C.), d'après Van Dyck — Rospigliosi — Brice (N.), d'apr. F. v. Borcht. Cinq pièces. Belles épreuves.

### COSSIN (Louis Coquin, dit)

91. Cassini (J. D.), mathématicien. Très belle épreuve *avant toutes lettres*.

92. Conrart (Val.). Superbe et rare épreuve *non terminée*.

93. Doujat (J.), d'apr. F. Sicre — Soleysel (J. de) — Chauveau (F.), d'apr. Le Febure — Conrart (J.), d'apr. Barthélemy — Roupert (L.), d'apr. P. Rabon — Colbert (Jac. Nic.), d'apr. de la Borde. Six pièces. Belles épreuves.

### COSTUMES

94. Louis le Grand — M$^{me}$ de Maintenon — M$^{me}$ la Dauphine — Dame de Qualité, etc. Sept pièces publiées par de S$^t$ Ygny, Trouvain, Berey, Mariette. Belles épreuves, une *avant toute lettre.*

### COURTEILLE (N.)

95. Lenoir (J. C. P.). Très belle épreuve tirée en sanguine.

### COUTELLIER ?

96. M$^{lle}$ Colombe l'ainée (*A Paris chez Mondharc*). Belle épreuve *impr. en couleurs.*

### COUVAY — CRESPY — DARET

97. Faure (Ch.), d'apr. M. Fredeau — Sévin (N.), *avant la lettre* — Chaubert (J. B.), d'apr. Tortebat — Montiers de Merinville (C. F.) — Du Verger de Hauranne — Montchal (C. de) — Gamberville (Le Roi de). Sept pièces.

### CUNÉGO — CATTINI — FREY — FOLKEMA

98. Bernis (C$^{al}$ de), d'apr. A. Callet — B. Joseph Labre, d'apr. A. Bley — Sarpi (P.), d'apr. Tinelli — Casini (M.) — Varlet (D. M.) — Bock (J. de). Six pièces. Belles épreuves.

### CURTIS

290 99. Marie-Antoinette, Reine de France, d'apr. Dufroe. Très belle et rare épreuve *impr. en couleurs.*

### CUSTOS (D.) — GOLTZIUS (Conrad)

100. Pièces emblématiques sur l'Ordre des Chartreux. Deux pièces. Très belles épreuves — Ulmer (J. C.). Trois pièces.

### DALEN (Corneille van)

101. Aretin (Pierre) — Boccace (Jean) — Piombo (Séb. del) — Giorgione (le). Suite de quatre pièces in-fol. sans aucune lettre. Très belles épreuves.

### DANDELEAU — LE BAS — ELLUIN — GUÉRIN

102. Garnier (J. B. Et.), 1803 — Houbigant (F.), d'apr. Valade — Spielmann (J. R.), médecin — Le Lorrain (R.), d'apr. Drouais. Quatre pièces. Belles épreuves.

### DAULLÉ (Jean)

103. La Peyronnie (F. de), 1755 (E. D. 58). Superbe épreuve à toutes marges.

104. Louis, Dauphin de France. d'apr. L. Tocqué (36). Très belle épreuve à grandes marges.

105. Le même personnage, d'apr. A. S. Belle (34). Belle épreuve.

106. Mariette (Jean), d'apr. Pesne (43). Belle épreuve.

107. Maupertuis (P. L. de), d'apr. R. Tournière (44). Très belle épreuve.

108. Pelissier (M^lle^), d'apr. H. Drouais (57). Superbe épreuve, *avec l'adresse de Drouais*.

109. Coignard (J. B.), imprimeur, d'apr. Voirieau — Le Mercier (P. A.), imprimeur, d'apr. L. Van Loo. Deux pièces. Très belles épreuves.

110. Rigaud (H.), d'apr. lui-même — S^t^ Simon (Cl. de), d'apr. H. Rigaud. Deux pièces. Très belles épreuves de la *réimpression*.

111. Marie-Thérèse, Reine de Hongrie, d'apr. de Meytens — Charles-Edouard Stuart, 1744 — Lorraine (Ch. Alex. de), d'apr. de Meytens. Trois pièces. Belles épreuves.

112. Louis XV, 2 p$^{ts}$ d'apr. H. Rigaud et J. B. Lemoine — Chartres (L. Phil. d'Orléans, duc de), d'apr. Belle — Orléans (Louis, duc d'), d'apr. C. Coypel. Quatre pièces.

113. Aguesseau (H. F. d'), d'apr. Vivien — Galland (Et.), d'apr. Lombard — Lamoignon (Guill. de), d'apr. Valade — Macé Camus de Pontcarré (G.) — Pallu (le P. Martin), d'apr. Nonnotte — Polignac (Melchior, C$^{al}$ de), d'apr. H. Rigaud. Six pièces. Belles épreuves.

## DEBUCOURT (Philibert-Louis)

114. Orléans (L. Jos. Philippe, Duc d'), 1789 (M. Fenaille 20). Très belle et rare épreuve *impr. en couleurs* sur *papier de chine.*

## DE LAUNAY (Nicolas)

115. Le Bloy (Franç.), d'apr. Roslin — Le Clerc (Séb.), d'apr. Nonnotte, épr. *avant la lettre* — Bonnard (B. de) Trois pièces. Belles épreuves.

## DELFT (Wilhelm-Jacobsz)

116. Henriette-Marie, Reine d'Angleterre (épr. doublée) — Coligny (Louise de) — Orange (Amélie, P$^{sse}$ d') — Bohême (Frédéric, roi de) — Dominis (M. A. de) Cinq pièces.

## DEMARTEAU (Gilles)

117. Ninette (M$^{me}$ Favart), d'apr. F. Boucher — Radix (J. L.) — François de Bourgogne (M. N.), d'apr. C. N. Cochin fils. Trois pièces. Belles épreuves.

## DENON (Dominique-Vivant)

118. L'Abbé Zani découvrant le nielle de Finiguerra à la Bibliothèque Nationale. Très belle épreuve *tirée en trois tons.*

### DESBOIS (M.) — DOSSIER — FRISIUS — GAGNIÈRE

119. Collet (Sœur Anne) — Gilbert (R. P.), d'apr. De Troy — Passerat (J.) — Anne d'Autriche. Quatre pièces. Belles épreuves.

### DESMARETZ, CARMONTELLE, BERGER, etc.

120. Portraits et sujets relatifs à Voltaire. Quinze pièces, plusieurs rares.

### DESPLACES (Louis)

121. Bécaille, V^ve de M. Titon (Marguerite), d'apr. H. Rigaud, 1715. Belle épreuve.

### DESPRÉE (J. L.)

122. Perronet (J. R.) — Chezy (Ant.) Deux pièces. Très belles épreuves.

### DESROCHERS (Etienne-Iohandier)

123. Personnages célèbres. Quarante-trois pièces. Belles épreuves.

### DIVERS

124. O'Connell, par Dadley, 1843 — Verniquet (E.) par Dien, 2 états — Silvestre (F.), par L. Desplaces — Calmet (Dom.), par Séb. Antoine — Mesmer (chez Civil) — Suite de tous les Dauphins de France, jusqu'à Louis, petit fils de Louis le Grand (chez Berey). Sept pièces. Belles épreuves.

### DOSSIER (Michel)

125. M^me Neyret de la Rovoye, sous les traits de Pomone, d'apr. H. Rigaud. Belle épreuve à grandes marges.

### DOYEN

126. Phelypeaux (de), archevêque de Bourges. Dessin aux trois crayons, signé : *Doyen f. en 1783.*

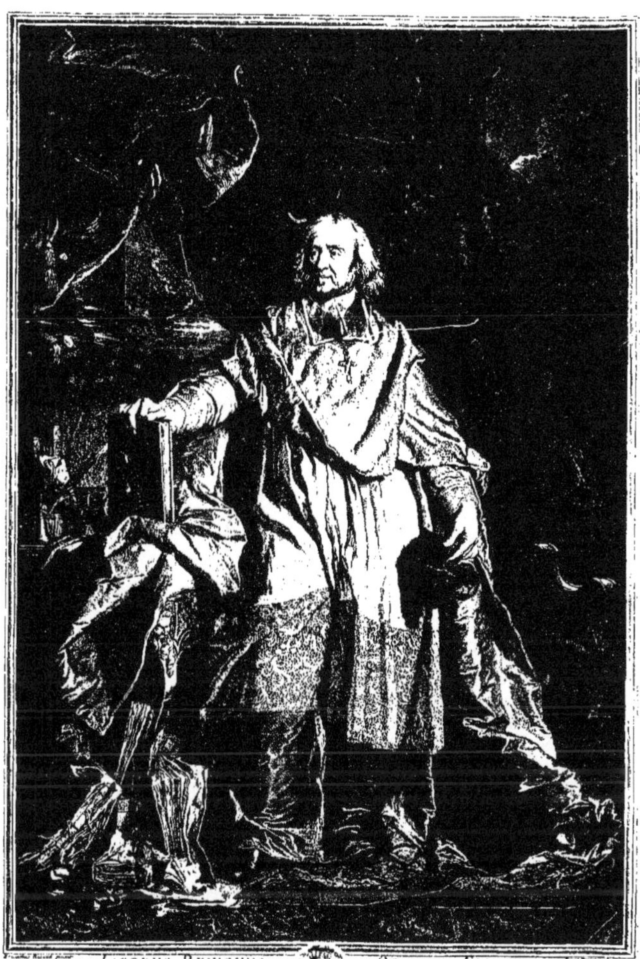


Nº 176 du Catalogue.

## DREVET (Pierre)

127. Arnauld (Ant.), d'apr. Ph de Champaigne (D. 14). Belle épreuve.

128. Beauveau (R. F. de), d'apr. H. Rigaud (17,). Très belle épreuve (sans marge sur 3 côtés).

129. Bertin (P. V.), d'apr. le même (19). Belle épreuve.

130. Béthune (Hipp. de) (25). Très belle épreuve.

131. Bignon (J. P.), d'apr. H. Rigaud (22). Très belle épreuve.

132. Boileau-Despréaux (N.), d'apr. le même (24). Très belle épreuve.

133. Bourgogne (Louis, Duc de), d'apr. H. Rigaud (57). Très belle épreuve du 2$^{e}$ état, *avant le nom sur la bordure.*

134. Brandebourg (Christ-Caroline de) (28). Très belle épreuve.

135. Condé (L. H. de Bourbon, P$^{ce}$ de), d'apr. Gobert (67). Belle épreuve. Rare.

136. Conti (F. L. de Bourbon), en pied, d'apr. H. Rigaud (66). Très belle épreuve. Rare.

137. Cotte (R. de), d'apr. le même (34). Belle épreuve *av$^{t}$ le mot : Architecte.*

138. Dangeau (M$^{is}$ de), d'apr. le même (36). Très belle épreuve.

139. De Lamet (L.), d'apr. H. Rigaud — Forest (Jean), d'apr. N. de Largillière (82 — 49.). Deux pièces, Très belles épreuves.

140. Desjardins (M$^{me}$), d'apr. H. Rigaud (38). Belle épreuve.

141. Dodun (C. G.), d'apr. le même (39). Très belle épreuve.

142. Dombes (L. A. P$^{ce}$ de), d'apr. De Troy (60.). Très belle épreuve.

143. Estrées (César d'), gravé en collaboration avec P. F. Giffart (43). Très belle épreuve.

144. Eudes (J.), d'apr. Le Blond (44). Très belle épreuve. Très rare.

145. Félibien (A.), d'apr. Le Brun (46). Belle épreuve.

146. Gillet (Pierre), d'apr. H. Rigaud — Le Blanc (Cl,). d'apr. A Le Prieur (68 — 23). Deux pièces. Très belles épreuves.

147. Hideux (L.), d'après Delescrinière — Neuville de Villeroy (Fr. Paul de), d'apr. Santerre (72 — 28.). Deux pièces. Très belles épreuves.

148. Keller (J.-B.), d'apr. H. Rigaud (76). Très belle épreuve.

149. Lambert (N.), d'apr. N. de Largillière (80). Très belleé preuve.

150. Lambert (Hélène), Mme de Moteville, d'apr. N. de Largillière (98). Belle épreuve.

151. Le Blais du Quesnel (J.) (84). Très belle épreuve.

152. Le Peletier (Cl.), d'apr. P. Mignard (86). Très belle épreuve.

153. Lesdiguières (J. F. P. de Bonne de Crequi), d'apr. H. Rigaud. 1691 (88). Belle épreuve.

154. Lillienstedt (J. P. de), d'apr. Schild (89). Très belle épreuve.

155. Louis XIV — Louis XV (55 — 58). Deux pièces gr. in fol. d'apr. Rigaud. Epreuves rognées.

156. Louis, Dauphin de France, d'après H. Rigaud (56). Belle épreuve, *avant l'adresse de Bligny*.

157. Maunoir (R. P.) (93), épr. remmargée. Rare.

158. Mitantier (95). Belle épreuve *avec la 1re adresse.*

159. Nemours (Marie, Dsse de), d'après Rigaud (115).

160. Noailles (L. Ant. de), d'après H. Rigaud (101). Belle épreuve.

161. Paillot (P), d'après G. Ruel (103). Très belle épreuve.

162. Pardaillan de Gondrin (P. de), d'apr. Van Loo (70). Très belle épreuve de la collection R. Dumesnil. Rare.

163. Philippe V, roi d'Espagne, d'apr. H. Rigaud (41). Grand in-fol. Superbe épreuve du 1er état.

164. Phelypeaux de La Vrillière (L.), d'après Gobert (83). Belle épreuve sans marges, du 2e état. Très rare.

165. Polinier (J.), d'apr. Lescrinier (106). Très belle épreuve. Rare.

166. Portail (Ant.), d'après R. Tournière (108). Très belle épreuve.

167. Rancé (M. de), d'apr. H. Rigaud (109). Très belle épreuve de la collection Camberlyn. Fort rare.

168. Rigaud (H.), à la palette, d'après lui-même (111). Belle épreuve *avec la date MDCC*.

169. Le même personnage (112). Très belle épreuve *avant la date* (timbre de collection sous la légende, à demi-gratté).

170. Rohan (Arm. Gaston, Cal de), d'apr. H. Rigaud (113). Très belle épreuve *avant la croix du St Esprit*.

171. Rolin (Marcellin), d'apr. Du Fourneau (114). Superbe épreuve de la collection Didot. Rare.

172. Toulouse (L. A. de Bourbon, Cte de), d'apr. H. Rigaud (64). Superbe épreuve du 1er état, *avec les deux ancres*.

173. Villars (Louis Hector, Duc de), d'après H. Rigaud (123). Très belle épreuve *avec 9 lignes de texte*.

## DREVET (Pierre-Imbert)

174. Bavière (El. Charlotte de), d'apr. H. Rigaud (17). Belle épreuve *avant le texte au verso.*

175. Bernard (Samuel), d'après H. Rigaud (11). Très belle épreuve (les mots : *Conseiller du Roi* grattés).

176. Bossuet, en pied, d'apr. H. Rigaud (12). Très belle épreuve *avant les points.*

177. Cisternay du Fay (de), d'apr. le même (13). Très épreuve.

178. Dubois (Guillaume, Cal), d'après le même (15). Belle épreuve.

179. Fénelon, d'après Vivien (16). Belle épreuve.

180. Le Couvreur (Adrienne), d'après Coypel (24). Très belle épreuve.

181. Loo (R. P. Arnoul de), d'après Jouvenet (25). Denys de Ste Marthe (Dom), d'apr. Cazes (30). Deux pièces. Belles épreuves.

182. Louis XV conduit par Minerve au Temple de l'Immortalité, d'apr. A. Coypel (22). Très belle épreuve, grandes marges.

183. Mailly (F. de), d'apr. Van Loo (26). Belle épreuve.

184. Orléans Lse Adelaïde d'), d'apr. Gobert (18). Très belle épreuve.

185. Le même personnage (19). Belle épreuve.

186. Pucelle (R.), d'apr. H. Rigaud (29). Belle épreuve.

187. Sobieska (Clémentine), femme de Jacques III, d'apr. Davids (10). Belle épreuve. Très rare.

188. Verthamon (I. J. de), d'apr. F. de Troy (33). Belle épreuve.

## DREVET (Claude)

189. Lebret (Mlle), en Cérès, d'apr. H. Rigaud, 1728 (9). Belle épreuve.

190. Sinzendorf (Ph. Louis, C$^{te}$ de), d'après H. Rigaud (15). In-fol. Superbe épreuve, *avec la faute au mot : Parisis*. Rare.

191. Vintimille (C. G. G. de), d'après le même (14). Très belle épreuve.

## DREVET (les)

192. Boileau (Nic.), d'après F. de Troy — Noailles (Adr. Maurice, Duc de), d'après le même — Orléans (Louis, duc d') — Pini (le P. Alex.), d'apr. F. J. Andray. Quatre pièces.

193. Girardon (F.), d'après Vivien — Oswald (Henry), d'apr. H. Rigaud — Fourcy (B. H. de), d'apr. le même — Besenval (J. V. de) — S$^{t}$ Bernard — S$^{te}$ Thérèse. Six pièces, réimpressions ou épr. avec déchirures.

194. Le Gendre (Louis), d'apr. Jouvenet — Tressan (L. de la Vergne de), petite et grande planches — Couvay (P. N.) — Fleury (C$^{al}$ de), d'apr. H. Rigaud. Cinq pièces.

## DUCHANGE (Gaspard)

195. Le Gras (M$^{lle}$) — La Fosse (Ch, de), d'apr. H. Rigaud — Girardon (F ), d'après le même — Fleury (Abbé F. J.). Cinq pièces. Belles épreuves.

## DUFLOS (Claude)

196. Louis XV, d'après Dupuis de Lage, 1716. Très belle épreuve.

197. Gondy (Famille des). Dix pièces. Belles épreuves.

198. Thierry (Denis), d'apr. Ferdinand — Le Tellier (Ch. M.), d'apr. P. Mignard — Alexandre (Noël), d'apr. Louis Herluyson, 1705 — Le Clerc (Séb.) — Voyer de Paulmy d'Argenson (M. R), d'apr. H. Rigaud — Michelin (M$^{me}$ Anne), d'apr. Cl. Mellan — Tronson (L), d'apr. N. Guerry — Valois (Adrien de), d'apr. Merelle — Moreri (L.) — Rancé (L. Bouthilier de).

### DUPUIS (Nicolas)

199. Monument (Louis XV) élevé à Rennes par les Etats de Bretagne, exécuté par J. B. Lemoine — *Hoc Monumentum amoris posuit Burdigalensis*... exécuté par le même. — Le Normant de Tournehem, d'apr. Tocqué. Trois pièces.

### EARLOM (Richard)

200. Richmond (J. Stuart, duc de), en pied, d'apr. A. Van Dyck, 1773. Grand in-fol. Très belle épreuve à grandes marges.

### EDELINCK (Gérard)

201. Aligre (Etienne d'), d'apr. R. Nanteuil (178). Grand in-fol. Superbe épreuve.

202. Anjou (Philippe, Duc d'), d'apr. de Troy (294). Belle épreuve.

203. Berry (Charles, duc de), d'apr. le même (147). Belle épreuve.

204. Bignon (J. P.), d'apr. Vivien (150). Très belle épreuve.

205. Bossuet (J. Bénigne), d'apr. H. Rigaud (156), 2 épreuves — Fléchier (Esprit), d'apr. le même (205) — Mascaron (J.) d'apr. Van Schuppen (270). Quatre pièces. Belles épreuves.

206. Brulart de Sillery (F. d'apr. H. Rigaud) (161) — Bussy-Rabutin (R. de) (162). Deux pièces. Très belles épreuves.

207. Champaigne (Ph. de), d'apr. lui-même (164). Belle épreuve.

208. Colbert (J. B. Michel), d'après Largillière (172). Très belle et rare épreuve du 1er état, *avant toutes lettres*.

209. Colbert (Charles), d'apr. H. Rigaud (175). Très belle épreuve.

210. Curvo-Semmedo (J.), médecin portugais, d'apr. F. da Costa (176). Très belle épreuve.

211. Descartes (René), d'apr. Hals (181) — Du Lauri (R.), d'apr. Van Ost (188) — Faure (Ch.) (201) — Ghérardi (E.) (214). Quatre pièces.

212. Du Metz (G. B.), d'apr. Rigaud (190). Belle épreuve du 1er état.

213. Estrées (César, Cal d'), d'après De Troy, 1698 (197). Grand in-fol. Très belle épreuve.

214. Foix de la Valette d'Espernon (A. Lse Christine de), d'apr. Beaubrun (195) — Fontaine (V. Mère Lse Eugénie de) — Vassé (Françoise de), d'apr. N. de Largillière (334). Trois pièces. Belles épreuves.

215. Galles (Jacques, Pce de), enfant, d'apr. N. de Largillière (210). Belle épreuve.

216. Hélyot (Mme), d'apr. F. Luc (223). Très belle épreuve.

217. Hozier (Ch. d'), d'apr. H. Rigaud, 1691 (184). Très belle épreuve à grandes marges.

218. Huet (P. Daniel), d'apr. N. de Largillière, 1686 (224). Très belle épreuve du 1er état.

219. Lamoignon (Madeleine de), d'apr. de Seve (234). Belle épreuve du 1er état.

220. Le Brun (Ch.), d'apr. N. de Largillière (238). Très belle épreuve.

221. Leeuwen (G. van), d'apr. A. Boonen (239). Très belle épreuve du 1er état, à grandes marges.

222. Louis XIV (248), 1er état, *avant toute lettre.*

223. Mansart (J. Hard.), d'apr. Vivien (267). Belle épreuve.

224. Le même personnage, d'apr. H. Rigaud (268). Très belle épreuve.

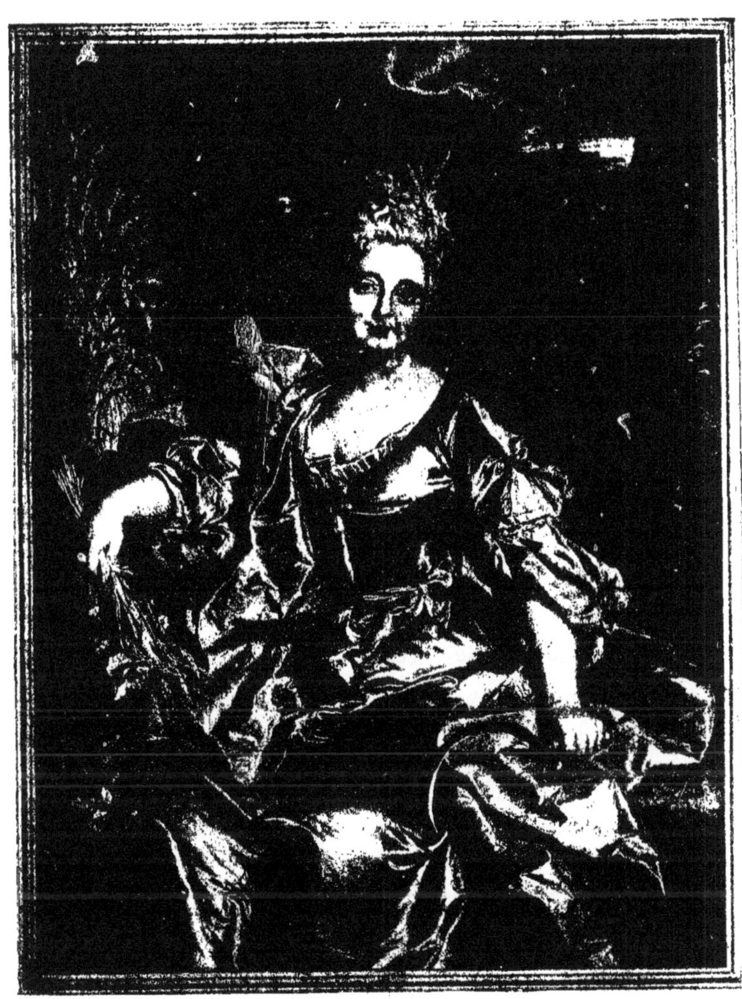

N.° 189 du Catalogue.

160

225. Miramion (M^lle de), d'apr. de Troy (275) — Montarsis (P. de), d'apr. A. Coypel (277) — Parent (J. Ch.) (287) — Noailles (A. Jules, duc de), d'apr. H. Rigaud. Quatre pièces. Belles épreuves.

226. Morant (Th. Alex.), d'apr. N. de Largillière, 1685 (279). Très belle épreuve du 2e état.

227. Pierre II, roi de Portugal (296). Très belle épreuve.

228. Santeuil (J. B.), d'apr. Du Mée (311). Belle épreuve.

229. Silvestre (Israël), d'apr. Ch. Le Brun (319). Très belle épreuve.

230. Sousy (M. Lepelletier, Sgr de), d'apr. Van Oost (322). Très belle épreuve.

231. Le même portrait. Belle épreuve.

232. Teissier (Eust.), d'apr. A. Bouys (R. D. 325 - 2e état). Très belle épreuve.

233. Ulrique Eléonore de Suède (331). Belle épreuve.

234. Villacerf (Ed. Colbert, Mis de), d'apr. Mignard (336). Belle épreuve.

235. Arnauld (Ant.) — Blampignon (Nic.) — Ferdinand, Evêque de Paderborn, 2 pts diff. — Perrault (Ch.) — Clément IX. Cinq pièces. Belles épreuves.

236. Poisson (R.), d'apr. Netscher — Léonard (Fred.), d'apr. H. Rigaud — Jeanne d'Autriche, d'après Rubens — Louis XIV, frontispice du Dictionnaire de l'Académie — Louis, Duc de Bourgogne, d'apr. De Troy. Cinq pièces.

237. Cousin (Jean) — Furetière (Ant.) — Hameau (And.) — Jacques II, roi d'Angleterre — Le Tellier (C. M.) — St Evremond — Savary (J.) — Vérien (N.). Huit pièces.

### EDELINCK (Nicolas)

238. Malebranche (N.), d'apr. J. B. Santerre — Guilleaumot (Fr.), d'apr. J. Vivien — La Motte (A. Houdart de), d'apr. Ranc — Tourreil (J. de), d'apr. Benoist. Quatre pièces. Belles épreuves.

239. Sévigné (Mme de), d'apr. R. Nanteuil. Belle épreuve.

### EDELINCK, LUBIN, SCHUPPEN

240. Hommes illustres de Perrault, 26 pièces.

### EISENHOUT — FABER — FROSNE NOBLIN — GOYRAND

241. Bréauté (Mis de), d'apr. Boury, 1658 — Pillet, d'apr. S. Gribelin — Lorens (Jacq. du), d'après A. Quesnel — Baudry (Cl. de), d'apr. Le Bon — Burg (J.) — Louis XIII. Six pièces. Belles épreuves.

### FAITHORNE (William)

242. Catherine de Bragance, Femme de Charles II, Roi d'Angleterre. Belle épreuve (sans marges sur 3 côtés). Fort rare.

### FALK (Jérémie)

243. Louis XIII — Anne d'Autriche. Deux pièces d'apr. Juste d'Egmont, se faisant pendants. Belles épreuves. Rares.

244. Oxenstiern (Axel), 1652 — Torstenston (Leonard), d'apr. D. Beck — Alexandre VIII (par B. Farjat), Trois pièces.

### FESSARD (Etienne et Marin)

245. Luynes (Paul d'Albert de), d'apr. Latinville — Dorat (Cl. J.), d'apr. Hoin — Leclerc de Juigné, d'apr. Nogaret. Trois pièces. Belles épreuves.

## FICQUET (Etienne)

246. Chaubert (L.), d'apr. Barere (F 29). Belle épreuve.

247. Chennevières (de) (31), épr. *avec la faute* — Descartes (39) — Eisen (Charles) (51) — Fenelon (58). Quatre pièces. Belles épreuves.

248. La Fontaine (Jean de) (61-62). Deux pièces. Très belles épreuves.

249. La Cour (J. de) (81) — La Mothe Le Vayer (84) — Mignard (P.) (99) — Molière (101). Quatre pièces. Belles épreuves.

250. Louis XV (91). Très belle épreuve du 2e état. Rare.

251. Maintenon (Mme de), d'apr. P. Mignard (93). Très belle épreuve.

252. Rousseau (J. J.) (132). Deux épreuves, une *avant toutes lettres, non terminée.*

253. Rousseau (J. B.) (131) — Saugrain (135) — Silva (138) — Vadé (150) — Voltaire (162) — Muret (A.) — Beze (Th. de) — Swift (J.). Huit pièces.

## FLAMENG (Léopold)

254. Ingres — Devauçay (Mme) — Flandrin (H.) — Overbeck (F.) — Janin (J.) — Mlle Mayer — Greuze — Perronneau, etc. Treize pièces. Très belles épreuves, la plupart *avant la lettre.*

## FRANÇOIS (Jean-Charles)

255. Montillet (J. F. de), d'apr. Roland de la Porte, 1754 — Louis XV — Louis-Auguste de France (Louis XVI), d'apr. Aubry — Segur de Ponchat (M. Anne Fse de). Quatre pièces.

## FRANÇOIS (A.) — GAILLARD (C. F.) MERCURI (P.)

256. Bouvier (Mgr) — Vernet (Hce), d'apr. P. Delaroche — Maintenon (Mme de) — Henriquel Dupont. Quatre pièces. Belles épreuves.

### GAILLARD (René)

257. Beaumont (Christ. de), d'apr. J. Chevallier — Joly de Fleury (G. F.), d'apr. Didier — Languet (J. J.), d'apr. J. Chevallier — Castanier (R.), d'apr. H. Rigaud.

### GALLE (C.) — GHEYN (J. et G. de)

258. Lessius (Léonard) — Puteanus (J.) — Puget de la Serre — Clusi (Chr. C.) — Monsieur (Gaston d'Orléans). Cinq pièces.

### GALLE (Philippe)

259. Henri IV. In-fol. Très belle épreuve. Rare.

### GANTREL (Etienne)

260. Bouthilier de Rancé (H.), 1669. Très belle épreuve *avant la lettre.*

261. Catherinot (Nic.), d'apr. De la Houve — Lenet (H.) — Bossuet (J. B.) — Bouthillier (Fr.) — Penon (R. P. Franç.), *avant la légende du bas* — Garnier (J.) — Varet (A.) — Crasset (R. P. J.). Huit pièces. Belles épreuves.

262. Lemoine (Alph.), d'apr. N. de Plate Montagne, 1704 — Porte (R. P. Bern. de la), 1680 — Moreno (Rich.) — Marie de l'Enfant Jésus (V. Sœur) — Charlotte de la Croix (V. Mère) — Marie Antoinette de Jésus (V. Mère) — Pavillon (Nic.) — Bouzeis (A. de) — Varet (Al.) — Camilly (Fr. de). Dix pièces. Belles épreuves.

### GAUCHER (Charles-Etienne)

263. Du Barry (M$^{me}$), d'apr. Drouais. Epreuve *avant la lettre.* (manque de fraîcheur).

264. La Borde (Benjamin), d'apr. Du Rameau. Très belle épreuve.

265. Cossé-Brissac (J. P. T. de), d'apr. Pougin St Aubin — Briquet (Fortunée), d'apr. Mlle de Noireterre — Cailhava (J. F.), d'apr. A. Pujos — Malesherbes, épr. *à l'état d'eau-forte* — Corneille (P.) — Marduel (J. B.), d'apr. Davesne. Six pièces. Belles épreuves.

## GAULTIER (Léonard)

266. Chabod (D.), médcin. Très belle épreuve Rare.

267. Condé (H. de Bourbon), à 24 ans. Très rare.

268. Du Faur (Guy) — Petit (R. P. Fr.) — L'Hospital (Mich. de) — Amelot (Jacques). Quatre pièces. Belles épreuves.

269. Ossat (C[al] d') — Ayrault (P.) — Pasquier (Et.) — Brulart de Sillery (N.) — Mornay (Ph. de). Cinq pièces. Belles épreuves,

270. Frontispices avec les portraits de Henri IV ou de Louis XIII, 3 pl. — Lorraine (Louise de), douairière de France — Qnatre pièces.

271 Marie de Médicis, 2 p[ts] diff. — Louis XIII, 2 p[ts] diff. — Condé (H.) de Bourbon, P[ce] de). Cinq pièces. Belles épreuves.

272. Henri IV, à cheval — Longueville (H. d'Orléans, duc de) — Sonnet (Th.) — Paul V — Gondy (H. de) — Charron (P.). Six pièces.

273. St Thomas d'Aquin — Jeanne d'Arc — Henri IV, 2 p[ts] diff. — Valderama (R. P. P. de) — Martonie (H. de la) — Heere (N. de) — Besse (P. de). Huit pièces.

## GAUTIER (Jean-Baptiste)

274. Forlenze (J. M. A.), d'apr. Vallin — Dubois (Ant.), d'apr. L. Boilly — Dessault (J. P.), d'apr. Kimly. Trois pièces. Superbes épreuves *impr. en couleurs.*

### GAVARNI — GIGOUX — ISABEY

275. Monnier (Henry) — Musset (Alfred de) — Thomas (F.) — Delacroix (Eug.) — Johannot (A. et T.). Cinq pièces. Belles épreuves.

### GHISI (Georgio)

276. Buanorotti (Michel-Ange) (B. 71). Belle épreuve. Très-rare.

### GIFFART (Pierre)

277. Maintenon (M^me^ de). Belle épreuve, sans marges.

278. Rancé (A. J. Le Bouthillier de) — Lasseré (Louis), épr. *avant toutes lettres*. — Louis XV. Trois pièces.

### GILBERT (A.) — JACQUEMART (J). DUPONT (Henriquel)

279. Millevoye, d'apr. Prudhon — Rousseau (Ph.), d'apr. Dubufe — Berlioz (H.). d'apr. Courbet — Wallace (Richard), d'apr. Baudry — Desenne (A.) — Normand (C. J.) — Buttura (E.) — Molière. Huit pièces. Belles épreuves, plusieurs *avant la lettre*.

### GILLRAY (John)

280. Clairfayt (G^al^ Comte), d'apr. P. J. de Loutherbourg, 1793. Superbe épreuve *impr. en couleurs*, avec rehauts.

### GOLE (Jacob)

281. Philippe V, Roi d'Espagne — Marot (Jean), d'apr. N. de Plate Montagne — Louis XIV, roi de France. Trois pièces. Belles épreuves.

### GOLTZIUS (Hendrick)

282. Durant (M.) 1580, Belle épreuve.

283. Galle (Phil.) (170). Belle épreuve.

284. Henri IV (17). Belle épreuve et copie. Deux pièces.

285. La Faille (Noël de) — La Faille (Mme de) (B. 212 - 213). Deux pièces faisant pendants. Belles épreuves.

286. Orange (Guill. de Nassau, Pce d'), 1581 (B. 178). Belle épreuve.

287. Rantzau (Henri) (182). Belle épreuve.

## GONORD

288. Gonord, par lui-même — Faivre (J. B. L.), architecte, d'apr. Wicar. Deux pièces, Belles épreuves.

## GOUWEN (V.) — HOUBRAKEN MUNNICHUYSEN

288 bis. Larrey (Isaac de), d'apr. B. Picart — Witt (J. de), d'apr. Netscher — Verkolie (N.) — Gravius (Dom Daniel) Quatre pièces. Belles épreuves.

## GRANTHOME — FORNAZERIS — HEYDEN

288 ter. Sixte V — Anjou (Fr. de Valois, Duc d') — Valentia (Grégoire de) — Gonzague (Marguerite de) — Léon XI. Cinq pièces.

## GREEN (Valentin)

289. Prince Rupert, d'apr. Rembrandt. 1775. M. noire in-fol. Belle épreuve.

290. — Charles, Archiduc d'Autriche, d'apr. P. J. de Loutherbourg, 1796. In fol. Superbe épreuve *impr. en couleurs*, grandes marges.

## GRIGNON (Jacques)

291. Villeroy (N. de Neufville, duc de) — Barbreau (P.), d'apr. Ph. de Champaigne — Montpezat de Carbon (J. de), d'apr. Blanvin — Harlay (Charlotte

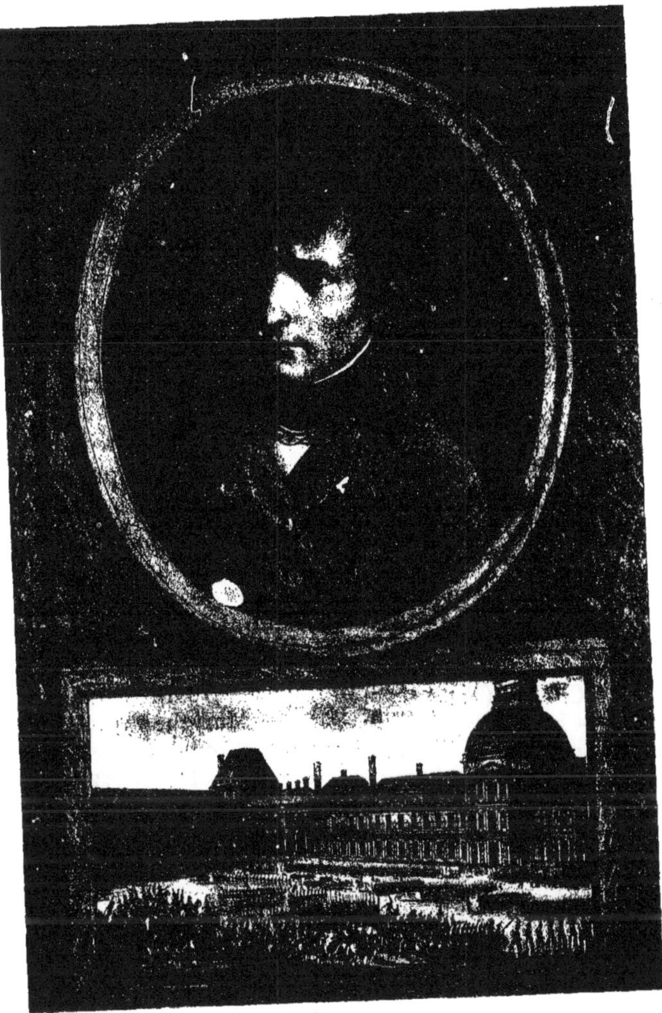

N° 375 du Catalogue.

de) — Verthamon (F. de), d'apr. C. Le Fébure — Montausier (Ch. de St Maur de), d'apr. le même. — St Paul (C. P. d'Orléans, Cte de). — Cœur (Jacques). Huit pièces. Belles épreuves.

### GUÉRARD (à Paris chez N.)

292. Marche et cérémonie observée à la Proclamation du Duc d'Anjou, Roi d'Espagne, 24 nov. 1700. Belle épreuve. Rare.

### GUNST (Peter van)

293. Marlborough (J. B[on] de Churchill, duc de), d'après A. van der Werff. Superbe épreuve.

### HABERT (Nicolas)

294. Molière, d'apr. P. Mignard. Très belle épreuve.

295. Fermanel (L.) — Le Camus — Condren (Ch. de) — Bouhours (le R. P. D.), épr. *avant toute lettre* — Arnauld (Ant.), d'apr. Ph. de Champaigne — Sarpi (R. P. Paul). — Hamon (Jean) — Le Gras (Mlle) — Le Nain de Tillemont (S.). Neuf pièces. Belles épreuves.

296. La Grange (R. P. Ch. de), 1692 — Noailles (L. A. de) — Le Tellier (Ch. M.) — Marigner (Guill.) — Cambout de Pontchateau (J. S. du) — Ste Marthe (Claude de), d'apr. Jouvenet — Du Verger de Hauranne (J.) — Le Tourneux (Nic.), d'apr. N. Arnout — Jansenius (Corn.), d'apr. Ph. de Champaigne. — Sponde (H. de). Dix pièces. Belles épreuves.

297. Rancé (R. P. A. J. Boutillier de), d'apr. F. C. de la Grange, 1692 — Le Camus (C[al]) — Gastaud (J.), 1703 — Feydeau (Math.), 2 p[ts] diff. — Fermanel (Lucas) — Gorin de St Amour (L.) — Caulet (F. E. de). — Vialart (Félix). — Launoy (J. de). Dix pièces. Belles épreuves.

## HAINEZELMAN (J.) — LAUWERS — LE ROY

298. Le Peletier (Cl.), 2 p^ts diff. — Lanchenu (F.) — Du Four (Phil.), 1682 — Vigier (R. P. Ant.) — Hallé (P.) — Polinier (J.) — (Fonsa ? épr. *avant toute lettre*). Huit pièces. Belles épreuves.

## HENRIQUEZ — IGONET — JARDINIER

299. Alembert (J. d'), d'apr. Jollain — Diderot, d'ap. L. M. Van Loo — Montesquieu — Mercier (Séb.) épr. *avant la lettre* — Cochin (H.) — Nivelle (G. N.). Six pièces. Belles épreuves.

## HOLLAR (Wenceslas)

300. Rubens (P. P.), d'apr. lui-même — Rœlans (J. F.) — Arundel (A. Talbot, C^sse d'), d'apr. A. van Dyck — Durer (Alb.), d'apr. lui-même. Quatre pièces.

## HONDIUS (Henri et Josse)

301. Henri IV — Paul V. Trois pièces. Belles épreuves.

## HONDIUS (Guillaume)

302. Isabelle-Claire-Eugénie, Infante d'Espagne, d'apr. A. van Dyck. — Anne d'Autriche, 1627. Deux pièces. Belles épreuves.

## HOPFER (Jérôme)

303. Dick (Léop.) (B 61). Très belle épreuve.

## HORTHEMELS (Marie Madeleine)

304. Graltier (Abbé), d'apr. Belle, épr. *avant la lettre* — Quesnel (Pasquier) — Orléans (Philippe Duc d'), d'apr. J. B. Santerre — Cossé-Brissac (E. A. Timoléon de), d'apr. Belle — Polignac (Melchior, C^al de), d'apr. Belle. Cinq pièces. Belles épreuves.

## HUBER (J.J.)

305. Oligny (Mlle d'), d'apr. M. van Loo. Belle épreuve.

## HURET (Grégoire)

306. Le Dauphin (Louis XIV). Très belle épreuve. Rare.

307. Le Vœu de Louis XIII (Louis XIII et Anne d'Autriche aux pieds de la Vierge). Très belle épreuve. Très rare.

308. Coislin (de), 1655 — Mallier du Houssay (F.), d'apr. J. Girard — Este (Renaud, Cal d') — St François de Sales, 2 états — Frontispice pour la Vie de Ch. de Condren — Borromée (Frédéric). — Allégorie en l'honneur d'Arm. de Bourbon, Pce de Conty. Huit pièces. Belles épreuves.

## ISAC (Jaspar) — MATHEUS — FIRENS

309. Bénard (Nicolas) — Anne d'Autriche en prière, frontispice. — Louis XI — Vigole. Quatre pièces.

## JAZET (Jean Pierre-Marie)

310. Louis David, en pied, d'apr. Odevaere. Grand in fol. *avant la lettre*. — Staël (Mme de), d'apr. Bouvier. Deux pièces. Belles épreuves.

## JEAURAT (E.) — JOGAN — LEVESQUE — LINGÉE

311. Puget (P.), d'apr. Puget fils — Fauvel (H. A.), d'apr. Hélart — Champlost (de), d'apr. C. van Loo — Sedaine, d'apr. David, *avant la lettre* — Marchand (J. H.) Cinq pièces. Belles épreuves.

## JODE (P. de)

312. Ferdinand d'Autriche, d'apr. Van Dyck — Bourbon (Eléonore de) — Capello (Ambroise) — Francavilla (P. à), d'apr. J. Bunel — Jacques VI, roi d'Ecosse — Anne-Frédérique, femme de Jacques

VI. — Condé (L. de Bourbon, P^ce de) — Mausolée d'Isabelle-Claire-Eugénie, Infante d'Espagne, 2 pl. Neuf pièces.

**KAERIUS (Pierre)**

313. — Allégorie relative aux Fiançailles de D. Philippe d'Autriche avec Elisabeth de France. Belle épreuve. Rare.

**KILIAN (Philipp)**

314. Bournonville (de). Très belle épreuve *av^t la lettre.*

**KLAUBER (Ignace S.)**

315. Van Loo (Carle), d'apr. P. Le Sueur, épr. *avant* et avec la lettre — Allegrain (Chr. Gabr.), d'apr. Duplessis. Trois pièces. Très belles épreuves.

316. Bause (J. F.), d'apr. A. Graff — Hartzberg, d'apr. Schræder — Beaumont (Christ. de), d'apr. Rimsber. Trois pièces. Belles épreuves.

**LANDRY (Pierre)**

317. Du Val (Guy), d'apr. Le Telier, 1666 — Sallet (Alex.), 1664 — La Salle (Eust. de), d'apr. Cl. Lefebure. Trois pièces. Belles épreuves.

318. Brulart (N.), d'apr. J. Dieu, 1665 — Jolly (Georges), d'apr. H. Faulx, 1664 — Louvigny (J. de Bernières) — Les Armes de France, 1675. Quatre pièces. Belles épreuves.

319. Ari (Jérôme), d'apr. S. Gribelin, 1663 — Luchini (Paul), 1659 — Estensis (J. B.) — Magdeleine de S^t François (R. M.) — Baudrand (M. A.), 1681 — Cinq pièces. Belles épreuves.

320. Venturinus (Marius), état — Ari (R. P. Jérôme), d'apr. S. Gribelin — Pedrasa (R. P. Alph. de), 1681 — Rosmadec (Ch. de), d'apr. S. Gribelin — Le Boux (Guil.) d'apr. J. Dieu. Cinq pièces. Belles épreuves.

321. Petit (Jean), d'apr. Perrin, 1672 — Bourbon (Ch. de), d'apr. J. Lamiel — Conty (L. de Bourbon, P^ce de), d'apr. S. Gribelin — Boylesve (Gabr. de), d'apr. J. Dieu. — Pedrasa (A. L. de) — Le Roy (R. P. B.). Six pièces. Belles épreuves.

### LANGLOIS (Jean)

322. Villars (L. Hector, duc de), d'apr. H. Rigaud. Belle épreuve. Rare.

### LANGLOIS — LARMESSIN — LE BLOND LE CLERC

323. Vaussin (Cl.), d'apr. Mathée, 1667 — Placide de S^te Hélène (R. P.) — Clément IX — L'Hospital (Mich. de) — Léon XI. Cinq pièces. Belles épreuves.

### LARMESSIN (Nicolas de)

324. Louis XV, en pied, d'apr. Van Loo — Louis, Dauphin de France, en pied, d'apr. Tocqué et La Tour. Deux pièces. Grand in-fol. Belles épreuves.

325. Lowendal (Woldemar de), d'apr. Boucher — Coustou (G.), d'apr. J. de Lien — Hallé (Claude), d'apr. Le Gros. Trois pièces. Très belles épreuves.

326. Lorraine-Vaudemont (Ch. Henri de), d'apr. Ranc — Morel (Dom R.), d'apr. Restout — Lamet (Ph. de), d'apr. Merelle, 2 états — Bion (Nic.) — Maveur (Pierre), d'apr. M. Loir. Six pièces. Belles épreuves.

### LASNE (Michel)

327. Le Dauphin (Louis XIV) — Louis XIV, enfant, assis sur le Trône. Deux pièces. Belles épreuves.

328. Metezeau (Cl.), architecte. Très belle épreuve.

329. Corneille (Pierre), 2 p[ts] diff. — Mazarin (J.), 2 p[ts]. Quatre pièces. Belles épreuves.

330. Lomenie (A. de), d'apr. Ferdinand, 1637 — Richelet (Nic.) — Brulart de Sillery (N.) — Toyras (J. de St Bonnet, Sgr de), 1632. Quatre pièces. Très belles épreuves.

331. Mollet (Cl.) — Richelieu (C[al] de) — Durand (S.) — Bernard (Ch.), *avant la lettre*. Quatre pièces. Belles épreuves.

332. Bailleul (N. de) — Doria (J. C.) — Quesnel (F.), d'apr. lui-même — Villeroy (N. de Neufville de) — Mesmes (H. de) — Strozzi, d'apr. S. Vouet. Six pièces. Belles épreuves.

333. Duval (André) — Hébert (Rolland) — S François de Sales — Cornullier (P.) — La Rochefoucaud (F. de) — Berulle (C[al] de). Six pièces. Belles épreuves.

334. Bertellier (R. M. F. Marie de) — Charlet (R. M. Catherine) — Philonard (Phil.) — Petit (R. P. Louis) — Gustave-Adolphe, roi de Suède — St François de Paule. — Dominique de Jésus Maria (R. P.). Sept pièces.

335. Léonard (le R. P.) — Thomaso de Trebiano (F.) — Fernandez (R. P.) — Petit (Louis) — Joseph de Paris (R. P.) — Marie de Médicis, médaillon accompagnant un sonnet acrostiche. — Anonyme, 1654. Sept pièces. Belles épreuves.

336. Coislin (de), 1656 — Le Masle (Michel) — Madeleine de St Joseph — Harlay (Fr. de), d'apr. Du Monstier — Sorel (Ch.) — Arnaud (Henri) — Gondy (J. F. de), 1646 — Lumagne. Sept pièces.

337. Charron (J. de) — Marillac (Mich. de), 2 port. diff. — Callot (J.) — Hautin (J. B.) — Bassompierre (F. de) — Laffemas (Isaac de). Sept pièces. Belles épreuves.

338. Gondy (J. F. de) — Moreau (René) — Sponde (H. de) — Ysambert (Nic.) — Thuet (Cl.), 2 p[ts] diff. — Urbain VIII — Cospean (Ph. de). Huit pièces. Belles épreuves.

339. Gaston de Foix, d'apr. Raphaël — Maupas (Henri de), 1645 — Paget (Jacques), 1658 — Pujet de la Serre (Jean), d'apr. A. van Dyck — Créquy (de) — Marcassus (P. de), d'apr. Du Monstier — Ferrand (J.), *avant la lettre* — Albaspini (G.) — Gondy (de). Neuf pièces. Belles épreuves.

340. Doublet (J.) — Niceron (R. P. J. Fr.) — Petau (Denys) — Caussin (R. P. Nic.). — Binet (Et.) — Séguier (P.), 2 p[ts] diff. — Hardy (Séb.) — Scudery (G. de) — Anne d'Autriche. Dix pièces. Belles épreuves.

## LA TOUR (d'après M. Q. de)

341. Boissière (Marie G. L. Solare de la), par G. E. Petit. Très belle épreuve.

342. Paris de Monmartel (J.), par Cathelin. Gr. in-fol. Belle épreuve.

343. Voltaire, par Baléchou, in-8° — Morlierre (Ch. R. de Roddes de la), par Lépicié — Restout (J.), par P. E. Moitte. Trois pièces.

## LAURENCE (d'après Sir Thomas)

344. Portrait équestre de Wellington, par W. Bromley, Grand in-fol. Belle épreuve.

345. Pie VII, Pape, par S. Cousins, 1829. Grand in-fol. Très belle épreuve *avant la lettre* (piquée).

## LE BEAU (Pierre-Adrien)

346. Orléans (Philippe, Duc d'), d'apr. De Lorme — Penthièvre (L. J. M. de Bourbon, Duc de) — Sartine (G. de) — Montgolfier (Et. et Joseph de) — Leclerc de Juigné (A. E. L.) — Montesquieu — Louis XV. Huit pièces. Belles épreuves.

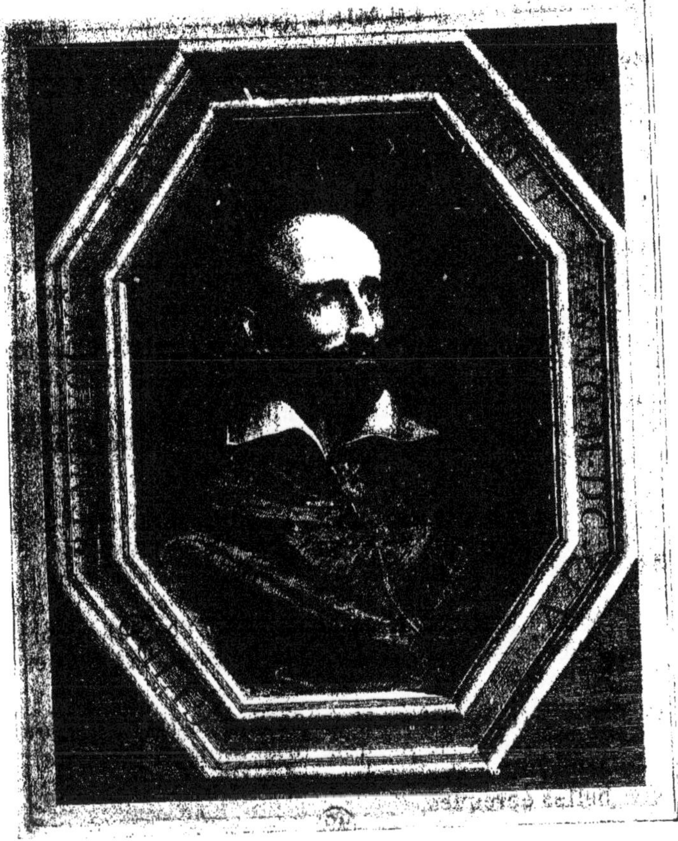

N° 432 du Catalogue.

## LE CARPENTIER (C. L.)

347. Fragonard (Honoré), 1803. — Delarue Celloville. Deux pièces. Très belles épreuves.

## LE FEBVRE (Cl.) — STELLA (Claudia)—FERDINAND

348. Boudan (Alex) (R. D. 2.) — Stella (J.), 1er état — Poussin (N.). Trois pièces. Très belles épreuves.

### LE MIRE (Noël)

349. Rousselet (Claude), d'apr. Robin, 1786 — St Foix (Poullain de), 3 épreuves — Jeanne d'Arc — Miromesnil (Hue de), 1773, en tête, épreuve *hors texte*. Six pièces. Belles épreuves.

### LEMPEREUR (Louis-Simon)

350. Jeaurat (Etienne), d'apr. A. Roslin — Coppette (P. F.), d'apr. Meon — Lemit (L.), architecte, d'apr. Trinquesse — Moreau de Séchelles (J.), d'apr. Valade, épr. *avant toutes lettres*. Quatre pièces. Belles épreuves.

351. Tonalli (Mlle), d'apr. L. Glain, épr. avec pl. accessoire de musique — Lecomte (Marguerite), d'apr. Watelet. Deux pièces. Belles épreuves.

### LENFANT (Jean)

352. Lavergne de Tressan (L. Montenard de), d'apr. J. Dieu — Nesmond (Guill. de), 1664 — Pajot (And. de), 1663 — Nesmond (F. Th. de), d'apr. Dieu — Anonyme, 1656. Cinq pièces. Très belles épreuves.

353. Contes (J. B. de), 1666 — Matignon (L. de), 1661 — Biscarras (J. A. de), 1670 — Bonzy (P. de), 1661 — Laval (H. de), 1660. Cinq pièces. Très belles épreuves.

354. Blasset (Nic.), 1658 — Daillon de Lude (H. de), 1660 — Seve (Guy de), 1663 — Le Masle (Mich.), d'apr. C. Le Febure, 1660 — Forcoal (J.), d'apr. J. Dieu — Coislin (de), d'apr. Nanteuil, 1661. Six pièces. Belles épreuves.

355. Marie-Marguerite des Anges (R. M.) — Auvergne (Jacques d'), 1669 — Lewyt (Louis) — Corbière (Cl. de la) — Dauvet, Cte Desmaret(N.) — Lesscot (N.), 1655 — Pichery, Ve de F. P. Bourgeois (Anne de). Sept pièces. Belles épreuves.

## LEPAUTRE (Pierre)

356. Statue de Louis XIV, par Coysevox érigée dans l'Hôtel-de-Ville, le 14 Juillet 1689. Grand in-fol. Très belle épreuve. — Louis XIV, 1684 avec la légende : *Quis tot sustineat*... Deux pièces.

## LÉPICIÉ (Bernard)

357. Boullongne (Louis de), d'apr. H. Rigaud. Deux très belles épreuves d'état différent, avec changement dans les armoiries.

358. Grassin (P.), d'apr. N. de Largillière — Desmares (Charlotte), d'apr. C. Coypel — Bertin (N.), d'apr. De Lien. Trois pièces.

## LEU (Thomas de)

359. Bar (Catherine de (311). Belle épreuve.

360. Brisson (Barnabé) (327). Très belle épreuve du 2e état. Rare.

361. Hervet (G.) (419). Très belle épreuve du 1er état.

362. Jeanne d'Albret (422). Belle épreuve.

363. Louis XIII, Dauphin (443-444). Deux pièces rares, mal conservées.

364. Marie Stuart (457). Belle épreuve.

365. Montmorency (H. de) (462). Très belle épreuve.

366. Nevers (Ch. de Gonzague, duc de). Très belle épreuve.

367. Soissons (Ch. de Bourbon, Cte de) (488). Très belle épreuve.

368. Verneuil (Henriette de Balzac, Dsse de) (501) Belle épreuve.

369. Marie de Médicis (452-453). Deux pièces. Belles épreuves.

370. Gondy (Pierre de) (375) — Lesdiguières (Fr. de Bonne, de) (436) — Nevers (Ch. de Gonzague, duc de) (468). Trois pièces. Belles épreuves.

371. Servin (L.) (486), 1er état — Beaugrand (J. de), d'apr. Dumontier (313) — Murat (Ant. de) 465). Trois pièces. Belles épreuves.

372. Vigenère (Blaise de) (502) — Pigray (P.) (475) — — Caron (Ant.) (330) — Moulin (P. du) (356) — Henri IV. Sept pièces. Belles épreuves.

373. Biron (Ch. de Gontaut, duc de) (317) — Lorraine (Henri II, duc de) (442) 2 pl diff. — Bourbon (Ch. connétable de) (323). Quatre pièces. Belles épreuves.

374. Charles IX (338) — Henri IV, d'apr. Bunel (410), 1er état — Marie de Médicis (455) — Conty (Fr. de Bourbon) — Nemours (H. de Savoie, duc de). Cinq pièces.

## LEVACHEZ

375. Bonaparte, 1er Consul, avec au-dessous du portrait, la scène de la *Revue de Quintidi*, par Duplessi-Bertaux (P. et B. 12). Très belle épreuve, *imp. en couleurs.*

376. Cambacérès, avec au-dessous du portrait la scène de *Barthélemy présentant au 1er Consul, l'acte constitutif* (13). Très belle épreuve *imp. en couleurs.*

## LEVACHEZ fils — BUGUET (Henry)

377. Joséphine (l'Impératrice). Deux pièces in fol., l'une *impr. en couleurs et rehaussée.* Très belles épreuves.

## LEWIS (F. C.) — WALKER (W.)

378. Victoria (la Reine), d'apr. Lane, 1837. — Scott (Walter), d'apr. Raeburn, 1826. Deux pièces. Belles épreuves.

### LITTRET DE MONTIGNY (C. A.)

379. Malvin de Mantazet (Ant.), d'apr. L. M. Van Loo. Très belle épreuve *avant la lettre*. — Sartines (de). d'apr. L. Vigée — Favart, d'apr. Liotard, Trois pièces.

### LIVENS (Jean)

380. Gouter (J.) — Bonus (Ephraïm) — Heinsius (Daniel). Trois pièces.

### LOCHON (Mich. von) — MEYSSENS (J.)

381. Anne d'Autriche — La Barrière (J. de) — Vaillac (V. M. Galliote de) — Condé (Clémentine, Psse de) — Savoie (Adélaïde de). Cinq pièces. Belles épreuves.

### LOCHON (René)

382. Ste Beuve (Madeleine Luillier de), 1673 — Pardieu (Marie de), 1671, rare — Verdelot, Mis de Villiers — Thou (J. A. de), d'apr. Du Monstier — Messier (Louis), 1663 — Coye (T. R. de), 1660 — Rapine de Ste Marie (J.), 1663 — Villemontée (de) — Montmirail (J. de). Neuf pièces Belles épreuves.

### LOIR

383. Mabillon (Dom Jean). Très belle épreuve *avant toute lettre*.

### LOMBART (Pierre)

384. Petau (Paul), d'apr. J. Questel — Desmarets de St Sorin (J.), d'apr. H. Gascar — Nevelet (V.) — Chassebras de la Grand'Maison (Gab.) — Launay (P. de), d'apr. F. de La Mare-Richard — Servien (Aug. de). Six pièces. Très belles épreuves

### MABUSE (d'après Jean de)

385. La Messe de St-Grégoire. Belle épreuve.

## MALEUVRE (Jean-Pierre)

386. d'Alembert (J.), d'apr. A. Pujos — Chenu, d'apr. Callet — Cousturier (J.) d'apr. J. S. Duplessis, épr. *avant la lettre*. Trois pièces. Belles épreuves.

## MALLERY (C. et P. de)

387. Allard (Marcellin), d'apr. Du Monstier — Berchmans (J.) — Cranate (R. P. Loys de) — François Xavier (S[t]) — Loyola (Ignace de) — St Antonin. Six pièces. Belles épreuves.

## MANIÈRES NOIRES

388. Dubuisson (Aug.), d'apr. A. Pesne, par Schuster, 1755 — Ridinger (J. E.), par Haïd, d'apr. Bergmuller — Mancini (Hortense), d'apr. P. Lely — Noailles (A. J. Duc de) — Calas (J.), d'apr. Schmid — Fokke (S.), par J. Greenwood, d'apr. Buys. Six pièces. Belles épreuves.

## MARCENAY DE GHUY (Ant. de)

389. Eugène (le Prince), 2 épreuves, une *avant la lettre*.

390. Paoli (Pascal) (L. Morand, 22). Très belle épreuve *avant toute lettre*.

## MARCENAY — MARIAGE — MARTINET (Mlle) MASSARD

391. Benoist de Bonnières (A. J.), d'apr. Robin — Villars — Voyer d'Argenson — Boullenois (L.) — Livry (N de), d'apr. Tocqué. Cinq pièces. Belles épreuves.

## MARIETTE (les)

392. Richelieu — Bienheureux François de Sales — Masegré (Moyse) — Meleun (Anne de) — Rohan (Mlle Eléonore de). Cinq pièces. Belles épreuves.

### MASSARD (Jean)

393. Louis-Auguste, Dauphin de France — Marie-Antoinette Dauphine. Deux minuscules portraits. Très belles épreuves à toutes marges.

### MASSÉ (J. B.)

394. Coypel (Ant.), d'apr. lui-même. Belle épreuve.

### MASSON (Antoine)

395. Abelly (L.) (R. D. 8). Très belle épreuve.

396. Albret (Em. Th. de la Tour d'Auvergne, duc d'), d'apr. N. Mignard (14). Très belle épreuve du 2e état.

397. Bignon (Jérôme) (13) — Dupuis (P.), d'apr. N. Mignard (25) — Péréfixe (Hardouin de), d'apr. le même (61) — Vernage (Bernard de) (68) Quatre pièces. Belles épreuves.

398. Brisacier (Guil. de) (15). Superbe et très rare épreuve du 2e état, *avec les deux fautes.*

399. Colbert (J. Nic.), (19.) Très belle épreuve

400. Cureau de La Chambre (Marin), d'apr. P. Mignard (24). Belle épreuve du 1er état, *avant les contre-tailles sur la joue.*

401. Forbin (Touss. de) (27). Très belle épreuve,

402. Guise (Marie de Lorraine, Dsse de), d'apr. P. Mignard (32). Belle épreuve *avant le lapin.*

403. Harlay (Franç. de), 1684 (35). Grand in fol. Belle épreuve.

404. Le Fevre d'Ormesson (O.) (58) Belle épreuve.

405. Le Maistre de Sacy (J. L.), d'après R. Nanteuil (64) — Le Notre (André), d'apr. C. Maratte (55). Deux pièces. Belles épreuves.

406. Louis XIV, d'apr. Le Brun. Belle épreuve.

407. Mesmes (J. J. de) (52). Très belle épreuve du 1er état.

408. Patin (Charles), état *non décrit, av[t] les contre-tailles sous la main gauche* (60) — Patin (Guy), 1670 (59). Deux pièces. Belles épreuves.

409. Turgot de St Clair (Ant.), 1668 (66). Très belle épreuve de la collection Mariette, 1672.

### MASSON (Madeleine)

410. Rancé (de), abbé de La Trappe — Bossuet (J. Benigne) — Gerson (J. Ch.) — Pascal (Blaise).

### MATHAM (J. et Th.) — NATALIS (M.)

411. Bloemaert (Abr.), d'apr. P. Morelse — Velde (Vanden) — Valckenier (G.), d'après W. Vaillant — Léon XI — Allamont (d'), d'apr. Flemael — Gomzé (N. de) — Allamont (J. d'). Sept pièces. Belles épreuves.

### MATHEY (C.) — MOREAU (L.) — NÉE, etc.

412. Louis XV, à cheval — Thiard de Bissy (H. de) — Frassen (R. P.) — Le Camus (A.), *av[t] l. l.* — Buffon (par Baron ?) *av[t] t. l.* — Chauvier (P.). Six pièces. Belles épreuves.

### MELLAN (Claude)

413. Habert de Montmor (H[te] Marie de Frontenac, Femme d'), 1641 — Mesmes (Henri de) — Gonzague (Louise Marie de) — Yves (le R. P.). Quatre pièces. Belles épreuves.

414. Anne d'Autriche, 2 pl. diff. — Conty (Arm. de Bourbon, P[ce] de) — Richelieu — Mazarin. Cinq pièces. Très belles épreuves.

415. Louis XIV — Fouquet (Nic.) — Rebe (Cl. de) — Alphonse du Plessis de Richelieu — Coeffeteau (N.) Cinq pièces. Belles épreuves.

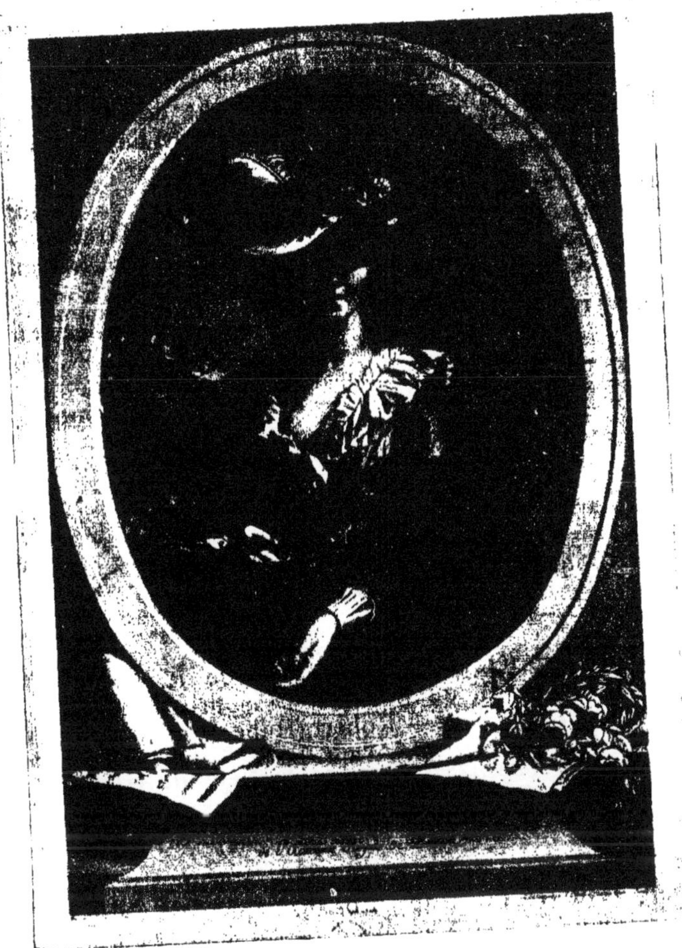

N° 450 du Catalogue.

416. Nesmond (Fr. Th. de) — Talon (Omer) — Habert de Montmor — Longueil (J. de) — Gondy (J. F. de) — Delbene (Alph.). Six pièces. Belles épreuves.

417. Grillié (N. de) — Lévis (Anne de) — Le Bouthillier (V.) — Toyras (M[al] de) — Marolles (Cl. de) — Molé (Mathieu). Six pièces.

418. Mellan (Cl.) — Chatillon (Agathe de) — Vajani (Anne-Marie) — Richelieu — Habert de Montmor — Mazarin. Sept pièces.

419. Olivarius (J. a Bosco) — Faure (Ch.) — Camus (P.) — Yves (le R. P.) — Narni (R. P. Jérôme) — Caesana (Et à) — Habert (Sœur Fr.) — Condren (Ch. de). Neuf pièces. Belles épreuves.

420. Trullier (J.) — Marolles (Mich. de) — Servien (Abel) — La Mothe Le Vayer — Verdun (N. de) — Faure (Ch.) — Gassendi (P.) — Naudé (G.) — Peiresc (Fabri de) — Barclay (J.) — Bouques (Ch. de). Onze pièces.

### MERLEN (Théodore Jonas Van)

421. Harlay (Achille de), 1652 — Neufville (F. de), 1653 — Bourgogne (Maximilien de), d'apr. Boquel. Trois pièces. Belles épreuves.

### MIGER (Simon Charles)

422. Visinier (Geneviève-Eliz.), V[ve] de R. Le Long, d'apr. J. B. de Bondy — Geoffrin (Mme), épr. *avant la lettre* — Robert (Hubert), d'apr. Isabey — Delacroix (J. F.), d'apr. La Neuville — Charles, 1783. Cinq pièces. Très belles épreuves.

### MOITTE (Pierre-Etienne)

423. Hénault (C. J. F.), d'apr. A. de St Aubin — Chauvelin (H. P.), d'apr. Roslin, 2 épreuves — Monument (Louis XV) élevé par la ville de Reims, exécuté par J. B. Pigalle. Quatre pièces. Belles épreuves.

### MONTCORNET (Balthazar)

424. Portraits équestres de personnages célèbres. Seize pièces. Très belles épreuves.

425. Personnages célèbres. Vingt-trois pièces. Belles épreuves.

## MOREAU LE JEUNE (J. M.)

426. Moreau le jeune, par St Aubin, d'apr. Cochin fils — Papillon de la Ferté (D. P. J.), 1770 — Pineau (D.), 1770. Trois pièces. Belles épreuves.

427. Au Roi (Louis XVI) — A la Reine (Marie-Antoinette). Deux pièces, par N. Le Mire, faisant pendants. Belles épreuves.

428. Couronnement du buste de Voltaire sur le Théatre Français (30 mars 1778), par C. E. Gaucher. Très belle épreuve *avec* les armes, à toutes marges.

## MORGHEN (Raphaël)

429. Puccini (T.) — Sœur Marie de l'Incarnation — Canova (Ant.) — Un Saint, d'apr. Tofanelli. Quatre pièces. Belles épreuves.

## MORIN (Jean)

430. Anne d'Autriche, d'apr. Ph. de Champaigne (40). Très belle épreuve.

431. Le même personnage (41). Très belle épreuve.

432. Bentivoglio (G.), d'apr. Van Dyck (43). Très belle épreuve.

433. St Charles Borromée, deux portraits différents d'apr. Ph. de Champaigne (45-46). Très belles épreuves.

434. Chrystin (N.), d'apr. Van Dyck (51). Très belle épreuve.

435. E[illegible]tier (P. de) — Brachet de la Milletière (Th.) (44-48). Deux pièces. Très belles épreuves.

436. Camus (P.), d'apr. Ph. de Champaigne (49) — Gesvres (Potier de) (53). Deux pièces. Très belles épreuves.

437. Franck (Jérôme) (52) — Janssénius (Corn.) (61) — Lemon (M^lle) (62) — Louis XI, roi de France (63). Quatre pièces.

438. Grimberghe (Honorine de), d'apr. A. van Dyck (55-56, 1^er état). Deux portraits différents. Très belles épreuves.

439. Harcourt (H. de Lorraine, C^te d') — Maugis (P.). (58-67). Deux pièces d'apr. Ph. de Champaigne. Très belles épreuves.

440. Le Tellier (Michel), d'apr. Ph. de Champaigne (76). Superbe épreuve.

441. Tubœnf (Jacques) — Vignerod (A. J. B. de) (80-85). Deux pièces d'apr. Ph. de Champaigne. Très belles épreuves.

422. Villemontée (F. de) — Villeroy (N. de Neufville, M^is de) (86-87). Deux pièces d'apr. Ph. de Champaigne. Très belles épreuves.

443. Marillac (Mich. de) (66) — Mazarin (68) — Mercier (J. Le) (69) — Netz (Niç. de) (70) — Longueil (René de) (65) — Louis XIII. Six pièces, plusieurs en belles épreuves.

444. Henri IV — Richelieu (C^al de) — Arnauld d'Andilly (R.) — Valois (Charles de) — Talon (Omer). Cinq pièces.

445. Verger de Hauranne (du), 2 p^es diff. — Tarrisse (R. P. Grég.) — Thou (Aug. et J. Aug. de). Cinq pièces.

### MORRET (Jean-Baptiste)

446. Assas (Louis d'). Superbe et rare épreuve *avant toutes lettres, impr. en couleurs.*

447. Pie VII, d'apr. Garnerey. Superbe épreuve *impr. en couleurs.*

### MOYREAU (Jean)

448. Emery (P.), imprimeur, 1729 — Leschassier (F.), d'apr. F. André 1727 — Rebel (J. B.), d'apr. Ant. Watteau. Trois pièces. Belles épreuves.

## MULLER (Jean)

449. Leyde (Jean de), d'apr. Aldegraver — Christian IV, roi de Danemark, d'apr. P. Isachs. Deux pièces. Belles épreuves.

## MULLER (Jean Gothard)

450. Le Brun (Mme Vigée), d'apr. elle-même. Très belle épreuve à toutes marges.

451. Louis XVI, d'apr. J. S. Duplessis. Grand in-fol. Très belle épreuve.

452. Galloche (L.), d'apr. Tocqué — Leramberg (L.), d'apr. Belle. — Mannevillette (de), d'apr. Mabile (par Patas). Trois pièces. Très belles épreuves.

## NANTEUIL (Robert)

453. Amelot (Jacques) (19). Très belle épreuve du 1er état.

454. Albret (Emm. Th. de la Tour d'Auvergne, duc d') (51). Belle épreuve.

455. Anne d'Autriche (22) — Barillon de Morangis (A.) — Bartillat (E. Jehannot de) (32). Trois pièces.

456. Barberin (Ant.) (27-28-29). Trois portraits différents du même personnage. Belles épreuves.

457. Beaumanoir de Lavardin (35). Belle épreuve du 1er état.

458. Bellièvre (Pomponne de), d'apr. Ph. de Champaigne (36). Belle épreuve du 1er état.

459. Le même personnage, d'apr. Ch. Le Brun (37). Belle épreuve du 2e état.

460. Blanchart (Franç.) (39-1er état) — Blondel (David) (41) — Boileau (Gilles) (43). Trois pièces.

461. Bosquet (F.) (44). Très belle épreuve (sans marge).

462. Bouillon (Fr. M. de la Tour d'Auvergne, duc de) (50). Très belle épreuve (sans marges).

463. Bouillon (God. M. de la Tour d'Auvergne, duc de) (50). Très belle épreuve (sans marges).

464. Bouillon (Em. Th. de la Tour d'Auvergne, C[al] de), 1670 (52). Grand in-fol. Belle épreuve du 1er état.

465. Bouthilier (Victor de) (54-1[er] état — 55-1[er] état-56). Trois portraits différents du même personnage.

466. Bouthilier (Marie de Bragelone, V[ve] de Cl. Le) (57). Belle épreuve.

467. Castelnau (Jacques Mis de), 1658 (58). Très belle épreuve.

468. Chapelain (Jean), 1655 (60). Très belle épreuve.

469. Charles-Emmanuel, Duc de Savoie (61) — Charles II, Duc de Mantoue (62). Deux pièces. Belles épreuves.

470. Charles V de Lorraine, 1660 (63.) Très belle épreuve.

471. Clermont (Franç. de), 1655 (68). Belle épreuve.

472. Coislin (P. du Camboust de) 1666 (70). Très belle épreuve du 1er état, de la collection Camberlyn.

473. Le même personnage (69). Superbe épreuve.

474. Colbert (J. B.), d'apr. Ph. de Champaigne (71). Belle épreuve.

475. Colbert (J. B.), médaillon sur une pyramide ; au fond, le Louvre (73) ; en collaboration avec Rousselet et Chauveau. Grand in-fol.

476. Colbert (J. B.) (74). Grand in-fol. Belle épreuve.

477. Colbert (J. Nic.), 1670 (77). Grand in-fol. Très belle épreuve du 2e état.

478. De Sève (A. de) (82) — Doni d'Attichy (L.) (83) — Dorieu (J.) (84). Trois pièces.

479. Dulieu (F. A.) (85). Très belle épreuve.

480. Dunois (Ch. d'Orléans, Cte de), d'apr. Ferdinand (86). Très belle épreuve.

481. Dupuy (Pierre) (88) — Dupuy (P. et J.) (89-1er état). Deux pièces. Belles épreuves.

482. Enghien (H. J. de Bourbon, Duc d'), d'apr. Mignard (90). Très belle épreuve.

483. Epernon (B. de la Vallette, duc d') 1650 (91). Très belle épreuve du 2e état, avant la lettre.

484. Estrées (César d') (92) — Fouquet (Basile) (97). Deux pièces.

485. Fouquet (Nicolas), 1661 (98). Très belle épreuve du 1er état, de la collection Oct. de Behague.

486. Fronteau (J.) (99) — Gillier (M. et Mme de) (102-103). Trois pièces.

487. Guébriant (J. B. Budes de) (104). Très belle épreuve du 1er état.

488. Harlay (Franç. de), Archevêque de Paris, 1671 (107). Très belle épreuve.

489. Le même portrait. Belle épreuve.

490. Hesselin (L.) (109-110). Deux pièces. Belles épreuves.

491. Brunswick-Lunebourg (J. F. duc de), d'apr. Michelin (111). Grand in-fol. Belle épreuve.

492. Jeannin (P.) (112) — La Barde (Denis de) (115) — Lallemant (117). Trois pièces.

493. La Meilleraye (Ch. duc de) (118) Très belle épreuve.

494. Le Boultz (N.) (124) — Le Coigneux (J.) (125). Deux pièces. Belles épreuves.

495. Le Masle (Mich.), 1658 (126-1er état). Très belle épreuve de la collection de A. Mariette, 1690.

496. Le Tellier (Michel) (128-131-135). Trois portraits différents du même personnage. Très belles épreuves.

497. Le même personnage (129-130-132-133-134). Cinq portraits différents, plusieurs en belles épreuves.

498. Le Tellier (l'Abbé) (139). Très belle épreuve.

499. Le Tellier (C. M.), 1672 (141-142). Deux portraits différents gr. in-fol. Belles épreuves, sans marges.

500. Le Vayer (F. de la Mothe) (143). Belle épreuve.

501. Lionne (Hughes de) (146). Très belle épreuve du 1er état de la collection F. Debois.

502. Lionne (J. P. de) (147) — Lomenie (H. A. de) (148) — Longueville (Henri d'Orléans, duc de) (149) — Lotin de Charny (F.) (151). Quatre pièces.

503. Louis XIV (153). Deux épreuves des 1er et 2e états (l'épr. du 1er état, déchirée).

504. Louise-Marie, Reine de Pologne (164). Très belle épreuve du 1er état.

505. Maridat (P. de) (168). Très belle épreuve.

506. Marie-Jeanne Baptiste de Savoie (169) — Marin (Denis) (170) — Marolles (Mich. de) (171) — Matignon (L. G. de) (172). Quatre pièces.

507. Maupeou (Jean de), 1671 (173). Très belle épreuve du 2e état, de la collection Debois.

508. Mazarin (Cardinal) (183). Très belle épreuve du 2e état.

509. Le même personnage (177-178-179-180-184). Cinq portraits différents du même personnage.

510. Ménage (Gilles) (188) — Mercœur (L. de Vendôme, duc de) (189) — Mesmes (de) (191) — Molé (Mathieu) (193). Quatre pièces.

511. Molé (Fr.) (195). Très belle épreuve.

512. Mouy (H. de Lorraine, Mis de) (197). Très belle épreuve du 1er état.

513. La même pièce. Très belle épreuve du même état.

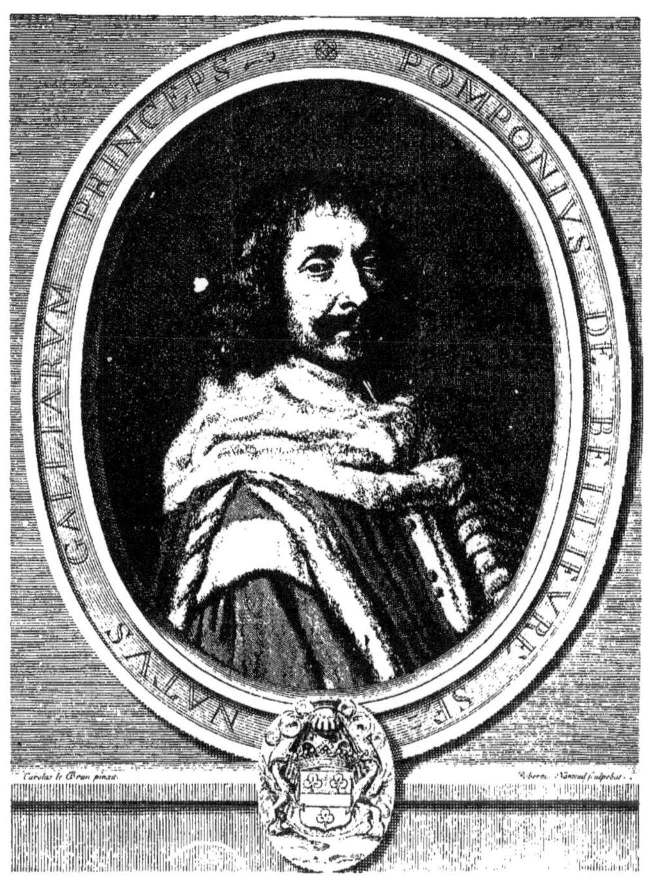


N° 459 du Catalogue.

570

514. Nemours (Henry de Savoie, Duc de), deux portraits différents (198-199, 1er état). Très belles épreuves.

515. Nesmond (Fr. Th. de), 1653 (201). Très belle épreuve.

516. Nesmond (Fr. de), 1663 (202). Très belle épreuve du 2e état.

517. Neuville (Ferd. de), d'apr. Ph. de Champaigne (203). Superbe épreuve du 1er état, *avant la date.*

518. Novion (N. Potier de) (207). Très belle épreuve.

519. Lefevre d'Ormesson (André), 1654 (209). Belle épreuve du 1er état.

520. Payen-Deslandes (P.) (210) — Péréfixe de Beaumont (H. de) ( -213) — Poncet (Pierre) (215). Quatre pièces. Belles épreuves.

521. Regnauldin (Cl.), 1658 (216). Très belle épreuve *avec la planche accessoire*, et épr. du 1er état (abimée). Deux pièces.

522. Scudery (Georges de) (221). Très belle épreuve.

523. Seguier (P.) (223-2e état) — Séguier de St Brisson (224). Deux pièces.

524. Servien (Fr.), d'apr. Ph. de Champaigne (225). Très belle épreuve du 1er état.

525. Steenberghen (J. B. van), d'apr. Duchastel (226). Très belle épreuve.

526. Suze (Louis de) (227). Très belle épreuve du 1er état.

527. Talon (Omer) (2..) — Thevenin (Cl.) (231) — Voiture (Vincent) (23.). Trois pièces.

528. Beaumanoir de Lavardin (Ph. Em. de) (34) — Ligny (Dom. de), 1654 (144) — Mallier du Houssay (Fr.) (167). Trois pièces. Belles épreuves.

529. Bailleul (L. de) — Blondeau (F.) — Bochart de Saron — Bouchu (P.) — Christine de Suède — Condé — Dorieu (J.) — Faure (C.) — Guénégaud (H. de) — Larcher (M.). Dix pièces, la plupart mal conservées.

### NATTIER (d'après J. Marc)

530. La Force (M$^{me}$ de Chateauroux), par Baléchou. Très belle épreuve.

### NÉE (François-Denis)

531. Chambre du cœur de Voltaire, d'apr. Duché. Très belle épreuve, toutes marges.

### NOLIN J. B. — SAUVE — STEPHANI

532. Menestrier (Cl. Franç.), d'apr. P. Simon — Marie-Thérèse de France — Orléans (Henriette d'Angleterre, D$^{sse}$ d') — Philippe, duc d'Orléans — Mancini (Hortense). Cinq pièces. Belles épreuves.

### NORMAND (C. V.) — CHABANNE — NOEL

532 *bis*. Normand (C. P. J.). architecte, 2 p$^{ts}$ diff. — Robert-Dumesnil, 1837, 1$^{er}$ état — Visconti — Eugénie, Impératrice des Français. Cinq pièces. Belles épreuves.

### ODIEUVRE (Michel)

533. Personnages célèbres. Trente-sept pièces. Belles épreuves, plusieurs avant la lettre.

### PAROY (Le Comte de)

534. Polignac (M$^{me}$ de), d'apr. M$^{me}$ Vigée Le-Brun — le même portrait par un anonyme, en sens inverse et de plus grandes dimensions, avec le portrait de M$^{lle}$ Candeille ? de l'Opéra, gravé sur le même cuivre. Deux pièces rares.

### PASQUIER (J. J.)

535. *Pensée à la Reine* (Marie Leczinska) *présentée en Avril 1768 par l'Auteur.* Très belle épreuve. Rare.

### PASSE (les)

536. Lorraine (Charles III, duc de) — Marie de Médicis, 2 p[ts] diff. — Clément VIII — Gondomare (Cte de), 1622. Cinq pièces.

### PATIGNY (Jean)

537. Pagan (Bl. Franç. de), d'apr. H. Gascard, 1656. Très belle épreuve de la collection P. Mariette. — *Académia Subtilis Doctoris* (J. Scot), 1672. Deux pièces rares.

### PESNE (Jean)

538. Poussin (Nic.), d'apr. lui-même, 2e état — Langlois (Fr.), d'apr. Ant. van Dyck — Damacène (le R. P.), pièce *non décrite*. Trois pièces. Belles épreuves.

### PETIT (Gilles-Edme)

539. Potier de Gesvres (J. F. Bernard), en pied, d'apr. L. M. Van Loo. Grand in fol. Très belle épreuve à grandes marges.

540. Vincent de Paul (S[t]), d'après S. François. Très belle épreuve.

541. Marie-Thérèse, Reine de Hongrie, d'apr. M. de Meytens, 1743 — Orléans (L[se] H[tte] de Bourbon Conty, D[sse] d'), d'apr. E. Pottier — Papillon (Philibert) Trois pièces. Belles épreuves.

542. Stuart. (le P[ce] Ch. Edouard), d'apr. D. Dupra — Argenson (Voyer de Paulmy d'), d'apr. H. Rigaud — Béthune d'Orval (A. El. Marie de) — Arnauld de Pomponne (H. Ch.), d'apr. de Troy. Quatre pièces. Très belles épreuves.

### PICART (Jean)

543. Louis XIII, à cheval — Auzolles (J. d'), 1631 — Chasteigner (Loys) — Seguier — Toyras (M[al] de) — Chasteigner (Jean). Six pièces. Belles épreuves.

### PICART (Etienne)

544. Montespan (Mme la Mise de), 1668. Belle épreuve. Rare.

545. Loisel (Pierre), d'apr. F. Le Maire — Hameau (A.) — Pavillon (Nic.), 1669 — Tallemant (Fr.), d'apr. R. Nanteuil — La Meilleraye (Ch. de la Porte, duc de), d'apr. A. Paillet — Paris (Nic. de), d'apr. le même — Cambout de Pontchasteau — Potier de Gesvres (L.). Huit pièces. Belles épreuves.

546. Wadding (R. P. Lucas), 2 pts diff. — Briou (Cl. de), d'apr. A. Paillet — Braque (F. de), d'apr. le même — Boiseon (Catherine de), 1667 — Loyr (J. A. du) — Bouexic (Louis du) — Palluau (Denis du). Huit pièces. Très belles épreuves.

### PICART (Bernard)

547. Frontispice pour un ouvrage de L. B. Alberti, 1725 — Orléans (Phil., duc d'), 2 pl. diff. — Piles (Roger de), 1704. Quatre pièces. Belles épreuves.

### PITAU (Nicolas)

548. Bourdaloue (Cl. de), d'apr. N. de Largillière (D. 1925). Très belle épreuve du 1er état, *avec le nom du graveur.*

549. François de Sales (St), 1662. Belle épreuve de la collection Didot.

550. Voysin (Daniel), d'apr. Mignard. Deux belles épreuves d'état différent.

551. Wrangel (Ch. Gust.) (D. 1945). Rare épreuve *avant la lettre, l'écusson des armoiries en blanc.*

552 Lude (G. de Daillon du), d'apr. J. d'Egmont — Pauli (Alex.), d'apr. C. Le Fébure — Deux pièces. Très belles épreuves.

553. Calmet (Dom. Aug.), d'apr. Fontaine, 1716 — Mavelot (Ch.), d'apr. A. Lucas — Joncoux (F. Mlle de), 1716 — Goibault du Bois (Ph.) — Quesnel (Pasquier) 1716 — Priolo (B.). Six pièces. Très belles épreuves.

554. Séguin (P.), d'apr. H. Stresor, 1664 — Noailles (L. Ant. de), d'apr N. de Largillière — Marie-Thérèse, Reine de France, d'après Baubrun — Lilly (Camille), d'apr. J. Daret — Philippe V, roi d'Espagne — Lopez (G.) — Pascal (Blaise). — Bourgogne (D^sse de). Huit pièces. Belles épreuves

### PITTERI (Marco)

555. Cignaroli (J. B.) — Goldoni (C.) — Albrizzi (J. B.) — Nogari (J.). Quatre pièces. Très belles épreuves.

### PLATE MONTAGNE — ALIX (J.)

556. Berulle (Pierre, C^al de), d'apr. Ph. de Champaigne — Barthélemy (V.). 1657 (19) — Charles Borromée (S^t), d'apr. Ph. de Champaigne — O'Moloy (R.), d'apr. le même. Quatre pièces. Belles épreuves.

### POILLY (François de)

557. Louis XIV, médaillon entouré de figures allégoriques, thèse gr. in fol.

558. La Motte-Houdancourt (L^se de Prie de) — Mazarin (C^al), d'apr. P. Mignard — Bossuet (J. Benigne), d'apr. P. Mignard — Maunoir (R. P. Jules). Quatre pièces. Belles épreuves.

559. Bignon (Jérôme), d'apr. Ph. de Champaigne, 1664 — Gabrielle de Jésus Maria d'Abbeville (V. Mère) — Orléans (Philippe, Duc d'), d'apr. J. Nocret. — Rohan-Guéménée (Anne de), d'apr. J. Cotelle — Louis XIV, d'apr. P. Mignard. Cinq pièces. Belles épreuves.

560. Le Moyne (P.), d'apr. Ph. de Champaigne — Tellier (Aug.) — Tondute (P. F. de) — Fabert (Abraham), d'apr. Ferdinand — Prince du Sang, épr. *avant la lettre*. Cinq pièces. Très belles épreuves.

### POILLY (Nicolas)

561. Montpensier (Mlle de), en Minerve. In fol. Belle épreuve. Rare.

562. Allégorie relative à l'avènement de Louis XIV au Trône, d'apr. F. Chauveau — Le Tellier (Michel). Deux pièces. Belles épreuves.

563. Noailles (Anne, Duc de), d'apr. W. Vaillant — Vignerod (J. B.), abbé de Richelieu — Potier de Tresme (René), d'apr. C. Le Fébure — Parfaict (Nic.), d'apr. le même — Beauvau (Gabr. de) — Condé — Marolles (M. de) — Langlois (F.), d'apr. Van Dyck. Huit pièces. Belles épreuves.

### POILLY (Nicolas Jean Bapt. de)

564. De Troy (Fr.), d'apr. lui-même — Van Clève, d'apr. Vivien — Pinel (Jean), d'apr. J. Colçon — Morel (Dom Robert). d'apr. Restout. Quatre pièces. Belles épreuves.

### PONTIUS (Paul)

565. Isabelle-Claire-Eugénie, Infante d'Espagne, d'apr. Rubens. Grand in fol. Belle épreuve.

566. Cappelle (Ambr.), d'apr. A. Diepenbecke — Scribani (C.), d'apr. A. van Dyck — Heem (J. de), d'apr. J. Livens, 1er état — Canisius (R. P. Pierre), d'apr. A. Diepenbeck — Quatre pièces. Belles épreuves.

### PREISLER (J. M.) — MANSFELD — SCHMUZER

567. Bouillon (Emm. Cal de), d'apr. H. Rigaud — Metastase, d'apr. Steiner — Dietricy (C. G. E.). d'apr. lui-même. Trois pièces. Très belles épreuves.

### PRUNEAU — PITOU — RAVENET — ROMANET

568\. Levasseur (Rosalie), épr. *avant la lettre* — Babille (L. J.) — Rollin (Ch.), d'apr. Coypel — Beaumont (Christ. de) — Gebelin (A. C. de). Cinq pièces. Belles épreuves.

### QUEBOREN (Crispin van) — SADELER (les)

569\. Elisabeth, Reine d'Angleterre — Ancel (G.) — Ignace de Loyola — Mathias, roi de Hongrie — St Dominique. Cinq pièces. Belles épreuves.

### QUENEDEY (Edm.)

570\. Mirabeau, Très belle et rare épreuve, *avant la lettre, impr. en couleurs.*

571\. Jussieu (J. de) — Mège (J. B.) — Biliotti (V. de) — Millin — Faux de la Forge — Nau Deville (A.) — Goetz — Thirouin (Abbé) — Bailly (J. S.) — Anonymes. Onze pièces. Belles épreuves.

### QUEVERDO (F. M.)

572\. Perronet (?), d'apr. Cochin fils. Epreuve d'essai, avec en marge, l'annotation manuscrite suivante : *quand M[r] De Longuil* (sic) *aura occasion de passer dans mon canton je le prie De monter. je serai flaté de conferer un instant avec lui avant de commencer Son Serviteur ami Queverdo.* — Denieuport (F. E.). Deux pièces.

### REGNESSON (Nicolas)

573\. Longueville (A. Geneviève de Bourbon, D[sse] de), d'apr. F. Chauveau — Goussault (Jacq.), 1661 — Mazarin, 1656. Trois pièces. Belles épreuves.

### REMBRANDT VAN RYN

574\. Franz (Abraham) (B. 273). Belle épreuve avant les dernières retouches.

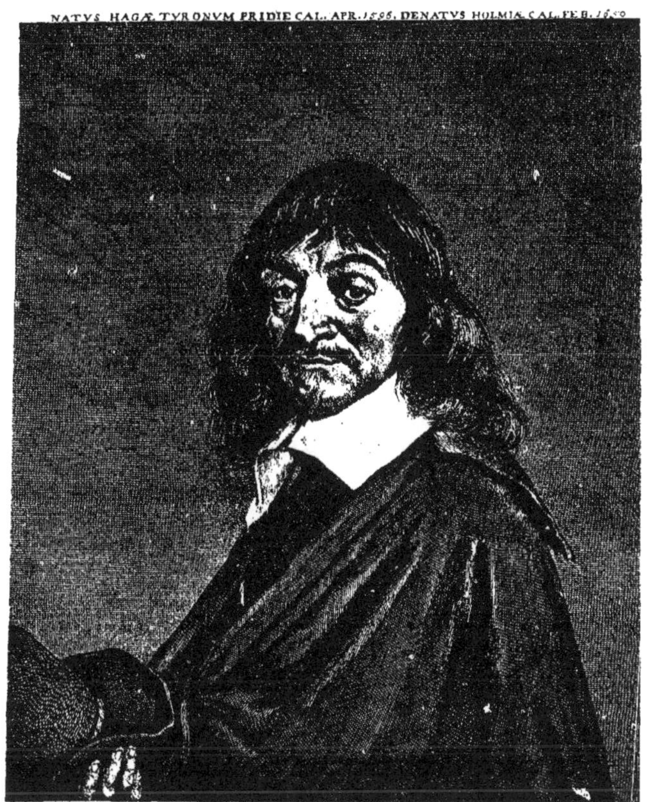

N° 639 *bis* du Catalogue.

## REYNOLDS (d'après sir Joshua)

575. Kauffmann (Angélica), par E. Morace. Très belle épreuve.

### ROULLET (Jean-Louis)

576. Beringhen (Henry, M^is de) — Beringhen (Jacq. Louis, M^is de). Deux pièces in-fol. d'apr. P. Mignard. Très belles épreuves.

577. Delpech (J.), d'apr. N. de Largillière — Michel (Franç.) Deux pièces, épreuves *avant la lettre* — Alexandre VIII — Chisi (C^al). Cinq pièces. Belles épreuves.

578. Clément (Hilaire), d'apr. R. Lefebvre, 1689 — Le Tellier de Louvois (Camille), d'apr. N. de Largillière — Marie Madeleine (V. Mère) — Rasponi (César, C^al) — Chaillou de Thoisy (J.), d'apr. C. Gérardin. Cinq pièces. Belles épreuves.

### ROUSSEAUX (Emile)

579. Sévigné (M^me de), d'apr. R. Nanteuil. Très belle épreuve sur chine.

### ROUSSEL (Paul)

580. Christine, reine de Suède — Michard (Ch.) — Olier (N. Ed.) — Olier (Renée de Turin, M^me) — Tonnelier (Et.) — Gault (J. B.). Six pièces. Belles épreuves.

### ROUSSELET (Gilles)

581. Haye (J. de la), 1660 — Cujas (J.), 1658 — Rouxel de Médavy (Fr.), 1654 — Séguier (P.), d'apr. Ch. Le Brun — Faber (T.) — Allégorie en l'honneur de la Famille de Gondy, d'apr. S. Bourdon. Sept pièces. Belles épreuves.

### ROY (Claude)

582. Candide (J. B. Vinatur), oculiste, *Gravé... en 1743 par son très obligé Serviteur... après le Recouvrement de sa Vue.* Très belle épreuve — Languet de Gergy. Deux pièces.

### RUOTTE — MONGEZ (Mme) — FOSSEYEUX

583. Napoléon le Grand, d'apr. R. Le Fevre — Pie VII, d'apr. L. David — Paix (P[ce] de la ), d'apr. Steven — Palloy (P. F.), d'apr. Mlle Pantin. Quatre pièces.

### SAENREDAM — SWANENBURG — MULLER

584. Hogerbet (P.), d'apr. K. van Mander — Mander (K. van), d'apr. H. Goltzius — Jeannin (P.) — Ste Cécile. Quatre pièces. Belles épreuves.

### SAINT-AUBIN (Augustin de)

585. Linguet (S. N. H.) Deux portraits différents, en double épreuve, l'un à *l'état d'eau-forte*. Quatre pièces. Belles épreuves.

586. Necker (J.), d'apr. J. S. Duplessis — Worloch, d'apr. Denon — Gluck — Pellerin (Joseph) — Maintenon (Mme de) — Montespan (Mme de) — La Vallière (Mlle de) — Louis XV.

587. Belloy (P. L. de) — Linguet — Le Kain, épr. *avant la lettre* — Perronet (J. R.) — Molé (F. R.), d'apr. E. Aubry — Amelot (A. J.) — Sanson (J. B.) — L'Epine (G. J. de). Huit pièces. Belles épreuves.

### SARRABAT (Isaac)

588. Bossuet (J. B.), d'apr. H. Rigaud. Manière-noire (15). Très belle épreuve.

589. Gantrel (Etienne), graveur, d'apr. N. de Largillière (22). Très belle épreuve.

590. La Roche (P. de), d'apr. R. Tournière, m. noire (24). Très belle épreuve, à grandes marges.

### SAVART (Pierre)

591. Alembert (d'), d'apr. Mlle Lusurieur (F. 1). Très belle épreuve du 1er état, *avant toutes lettres*.

592. Bernis (P. de), d'apr. Callet (3) — Boileau (N.), (4) d'apr. H. Rigaud, avec la 1re adresse — Bruyère (J. de la), d'apr. De St Jean (7) — Christian VII, de Danemark (13). Quatre pièces. Très belles épreuves.

593. Colbert, d'apr. Ph. de Champaigne (14) — Condé, d'apr. Le Juste (15) — Deshoulières (Mme), d'apr El. Cheron (16) — Fénelon, d'apr. Vivien (17). Quatre pièces. Belles épreuves.

594. Livry (N. de), d'apr. Tocqué (22) — Louis XIV, d'apr. H. Rigaud (23) — Racine (J.), d'apr. Santerre (30) — Richelieu (Cal de), d'apr. Champaigne (31). Quatre pièces. Très belles épreuves.

## SCHENCK (Pierre)

595. Descartes (René), m.-noire. Belle épreuve.

## SCHMIDT (Georges-Frédéric)

596. Beauvau (R. Franç. de), d'apr. C. N. Cochin Belle épreuve.

597. Esterhasi (Nic.), d'apr. L. Tocqué, 1759 (J. 78). Belle épreuve.

598. Frédéric II. Louis, Pce de Prusse, d'apr. Am. Vanloo (88). Très belle épreuve.

599. La Tour (M. Q. de), d'apr. lui-même, 1772 (89) Très belle épreuve.

600. Mignard (P.), d'apr. H. Rigaud, 1744 (59). Superbe épreuve *avant l'astérique.*

601. Splitgerber (David), d'apr. Falbe, 1766 (87). Superbe épreuve portant le timbre sec du graveur.

602. Orléans de St Albin (Charles d'), d'apr. H. Rigaud — Tubières de Caylus (Ch. Gabr. de), d'apr. Fontaine. — Christian Auguste, Pce d'Anhalt, d'apr. A. Pesne. Trois pièces. Très belles épreuves.

603. Dinglinger, d'apr. A. Pesne, 1769 — Hirsch (Michel) — Schmidt (D. L$^{se}$ Viedebandt, Femme de G. F.), 2 p$^{ts}$ diff. Quatre pièces. Belles épreuves.

604. Bernouilli (J.), d'apr. J. Rueber — Pesne (Ant.), d'apr. lui-même, 1752 — Bushing (A. F.) d'apr. Enksen — Prevost (l'Abbé) — Guyot-Desfontaines (P. F.), d'apr. Tocqué. Cinq pièces. Belles épreuves.

## SCHRŒDER

605. Brunswick-Lunebourg (C. Am. Elisabeth, D$^{sse}$ de), 1791. Superbe épreuve *impr. en couleurs*, toutes marges.

## SCHUPPEN (Pierre-Louis van)

606. Borri (J. F.), d'apr. F. Ovens. Superbe et très rare épreuve du 1$^{er}$ état *avant la lettre* et *avant les devises.*

607. Galles (J. F. Edward, P$^{ce}$ de), d'apr. N. de Largillière. Bonne épreuve.

608. Louis XIV, d'apr. Ch. Le Brun et P. Mignard. Gr. in-fol. Très belle épreuve.

609. Louis XIV. Deux portraits différents, d'apr. N. Mignard et W. Vaillant. Très belles épreuves.

610. Louis, Dauphin de France, d'ap. F. de Troy, 1684. Grand in-fol. Très belle épreuve, *avant les médaillons dans les angles.*

611. Mazarin, médaillon entouré de devises, d'apr. F. Chauveau. Grand in-fol. Très belle épreuve.

612. Nérestang (Ph. de). Très belle et rare épreuve *avant la lettre.*

613. S$^{t}$ Vincent de Paul, d'apr. S. François (tirage postérieur).

614. Berthelot (Cath. Germain, V$^{ve}$ de S.), d'apr. F. Quesnel — Thomassin (R. P. L.), d'apr. J. van Schuppen — Lorraine (Arm. H$^{lle}$ de), d'apr. A. Barthelemy. Trois pièces. Très belles épreuves.

615. Ligny (Dom. de ), 1658 — Langlois (P. Arm.), 1675 — Braux (P. Ign. de), d'apr. Beaubrun. Trois pièces. Très belles épreuves.

616. Seguier (P.), d'apr. Ch. Le Brun — Morainville (Ch. de Houel de), d'apr. Van Mol — Este (Rainaud d'). Trois pièces. Très belles épreuves.

617. Foucault (N. J.), d'apr. N. de Largillière — Orléans (Philippe, Duc d') d'apr. Nocret — Bourlemont (Ch. d'Anglure de) d'apr. Ferdinand. Trois pièces. Très belles épreuves.

618. Marguerite de Lorraine, 1660 — Warner (Lady), d'apr. N. de Largillière, 1690 — Mercier (Pierre), d'apr. F. Le Maire, 1677 — Monchy (R. P. P. de), d'apr. F. Quesnel. Quatre pièces. Très belles épreuves.

619. Mercier (P.), d'apr. F. Le Maire, 1677 — Seve de Rochechouart (Guy de), d'apr. Paul Mignard, — Nesmond (Fr. de), d'apr. C. Le Fébure, 1667. — La Haye (Fr. de), 1690. Quatre pièces. Très belles épreuves.

620. Despont (Philippe), d'apr. J. van Schuppen — Vie (Gabr. de la), 1664 — Villani (Fr.) — Max Henri, archevêque de Cologne, d'apr. Bertholet. — Le Tellier (Mich.), d'apr. R. Nanteuil. Cinq pièces. Très belles épreuves.

621. Poisson (Fr.), 1680 — Le Fevre de Caumartin (L. F.), d'apr. F. de Troy — Thaumas (G.), d'apr. A. Quenin — Zwilling-Besson (W. E. F.) — Villani (F.) — Talon (D.) Six pièces. Très belles épreuves.

622. Pithou (Fr.), 1685 — Chasse (Ant.), 1681 — Barbot de Lardienne (S. J.), d'apr. F. Voët — Verjus (J.), d'apr. Loir, 1663 — Le Tellier (C. M., d'apr. P.

Mignard — Marca (P. de), d'apr. Van Loo, 1663. Six pièces. Belles épreuves.

623. Pontis (L. de), d'apr. Ph. de Champaigne, 1678 — La Garde (Antoinette de) M^me des Houlières, d'apr. El. Sophie Chéron — Le Tellier (C. M.), d'apr. C. Le Febure — Gueldres (Phil. de), 1686 — Sœur Marie-Jeanne des Anges, 1665 — Bignon (Th.), d'apr. F. de Troy — Simianes (L. M.), d'apr. C. Le Febure. Sept pièces.

## SCOTIN (les)

624. Pancatelin (Marguerite) — S^t Vincent de Paul, d'apr. Guillemard — Avrillon (R. P. J. B. E.) — Le Gendre (L.), d'apr. Jouvenet — Litoust (J.) — Pompe funèbre du P^ce de Conti. Six pièces. Belles épreuves.

## SCOTIN, BOULANGER, PICART.

625. *Les Portraits et les Eloges de quelques personnes signalées en piété, de l'Ordre des Minimes*, titre et suite de 16 pl. Belles épreuves.

## SERGENT (Ant. François)

626. Necker, d'apr. J. S. Duplessis, 1789. Superbe épreuve *impr. en comleurs*, à toutes marges.

627. Charles-Louis, Archiduc d'Autriche, 1797. Superbe et rare épreuve, *à la lettre grise, impr. en couleurs.*

## SICHEM (Christophe van)

628. Hochfelder. (P.) 1600 — Le Petit (J. F.) — Knipperdoling (B.) — Beuckels (J.). Quatre pièces. Très belles épreuves.

## SILVESTRE (Suzanne)

629. Dyck (Ant. van), d'apr. lui-même — Nocret (J.), d'après luimême — Bourgogne (Charles, duc de), d'apr. H. Rigaud — Albert (Archiduc), d'apr.

Rubens — Lumague, d'apr. A. van Dyck. Cinq pièces. Belles épreuves.

SILVESTRE (S.) et DUFLOS (Cl.)

630. Bérain (Jean), d'apr. J. Vivien, 1711. Belle épreuve.

SIMON (Pierre)

631. Oliva (J. P.) d'apr. G. B. Gaulli — Fontenay (V. Hotman de) — Fiacre de Ste Marguerite (Frère) — Godet des Marais (P.), d'apr. Frère André. Quatre pièces. Belles épreuves.

SIMONNEAU (C. et L.)

632. Mesnager (N.), d'apr. H. Rigaud, 1715 — Coffin (Ch.), d'apr. H. Rigaud — Charmois (Martin de), d'apr. S. Bourdon — Orléans (Eliz. Charlotte, Dsse d'), d'apr. H. Rigaud — Maimbourg (L.), d'après Nivellon — Mansart (J. H.), d'apr. De Troy — Le Nain de Tillemont (S.) — Arnauld (Ant.) Sept pièces. Belles épreuves.

SMITH (John)

633. Schalken (Godfried), d'apr. lui-même, 1694 — George, Pce de Danemarck, d'apr. G. Kneller. M. noires, la 1re en très belle épreuve.

SMITH (John Raphaël)

634. Le peintre Cipriani, le graveur Bartolozzi et l'acteur Carlini, d'apr. F. Rigaud, 1778. Grand in-fol. Très belle épreuve *avant la lettre*, marges du cuivre (petite déchirure dans le haut).

SOMPEL (P. van) — LOUYS (J.)

635. Louis XIII, roi de France — Gaston, Duc d'Orléans. Deux pièces in fol. Très belles épreuves, *avant le no*.

### STOCK (André)

636. Louis XIII, roi de France, 1627 — Leyde (Lucas de). Deux pièces. Belles épreuves.

### STRANGE (Robert)

637. Charles Ier, en pied, d'apr. Ant. van Dyck, 1770. Très belle épreuve.

### SURUGUE (Louis)

638. Mme de** (Mouchy) en habit de bal, d'apr. Ch. Coypel. Très belle épreuve.

### SURUGUE — THOMAS — SUPERCHY

639. Christophe (Joseph), d'apr. Drouais — Guillain (S.), d'apr. N. A. Coypel — Merard de St Just (S. P.), d'apr. Mme Vigée-Lebrun. — Desessarts (D. D.), d'apr. Ingouf aîné. Quatre pièces. Belles épreuves.

### SUYDERHOEF (Jonas)

639 *bis*. Descartes (René), d'apr. Hals. Belle épreuve (sans marges sur 2 côtés) avec l'adresse de Goos.

640. Franç.-Guillaume, évêque d'Osnabruck. Très belle épreuve des collections P. Mariette et J. G. Wille.

641. Swalmius (Eleazar), d'apr. Rembrandt. Très belle épreuve *avec l'adresse de P. Goos.*

642. Heinsius (Daniel), d'apr. Merek — Winsem (P.) — Henriette-Marie, Reine d'Angleterre, d'apr. A. van Dyck — Jeanne, Femme de Philippe Ier. Quatre pièces.

643. Maestert (Jacques), d'apr. N. van Negre — Spanheim (F.), d'apr. Dubordieu — Hoornbeck (J.), d'après F. Hals. — Polyander à Kerckove (J.), d'apr. Baudrigeen. Quatre pièces. Belles épreuves.

### TARDIEU (Jacques-Nicolas)

644. Armillon (P. C. F.), d'apr. Brandt, 1753 — Oudry (J. B.), d'apr. N. de Largillière — Gourlin (Et.), d'apr. S. Beauvais — Etemare (Le Sesne de Menilles d'), d'apr. Belle — Beccarie (J. B. Raimond de) — Du Hamel (R. J. A.) — Villemsens (J.) — Mesenguy (P. F.). Huit pièces. Belles épreuves.

### TARDIEU (Nicolas Henri)

645. Harlay (Marie-Anne de) — Voyer de Paulmy d'Argenson (M. R.), d'apr. P. Baveret — Pollart (N.). Trois pièces. Belles épreuves.

### TASSAERT (J. J. F.)

646. Corday (Charlotte), d'apr. Hauer. Belle épreuve, *avant l'inscription dans la tablette.*

### THOMAS (N.)

647. St Germain (le Cte de), alchimiste. Très belle épreuve.

### THOMASSIN (Simon)

648. Maroulle (J. A. de). d'apr. Ch. Coypel — Lizot (J.), d'apr. P. Pesié, 2 épreuves — Auzanet (B.) — Hebert (Fr.), d'apr. Du Mée — Bignon (J. P.), d'apr. H. Rigaud — Boucherat — Hébert (Franç.) — Corneille (Thomas) — Statue équestre de Louis XIV — Truchet (F. S.), d'apr. El. Chéron. Onze pièces. Belles épreuves.

### THOURNEYSER — ULRICH — VORST WESTERHOUT

649. Neufville (Camille de), d'apr. N. Mignard, 1672 — Elisabeth d'Autriche — Vouet (S.), d'apr. van Dyck — Bernin (J. L.). Quatre pièces. Belles épreuves.

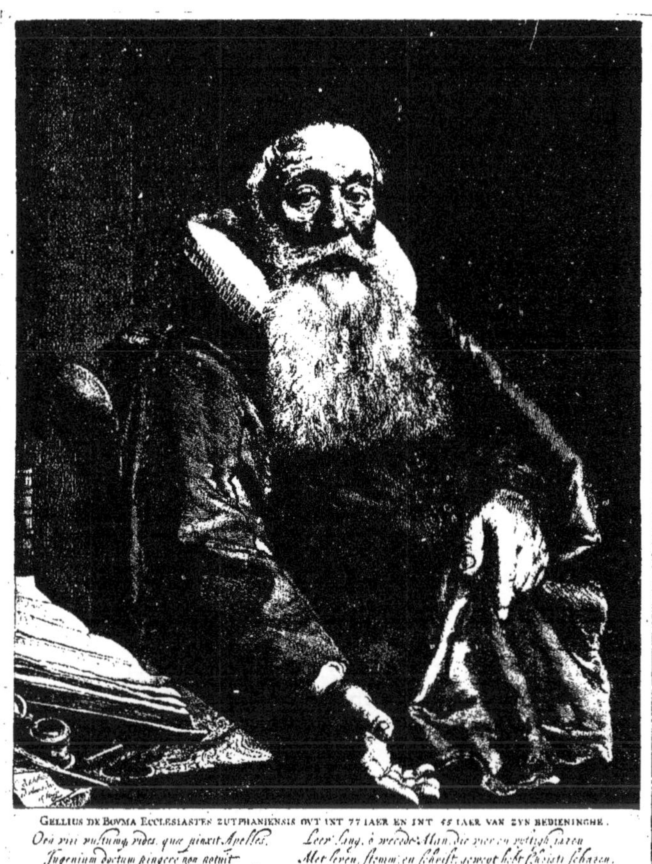


N° 673 du Catalogue.

## TILLIARD (J. B.)

650. Paix rendue à l'Europe et publiée à Paris le 21 Juin 1763, d'apr. C. Monnet. Très belle épreuve à toutes marges.

## TROUVAIN (Antoine)

651. Houasse (R. A.), d'apr. Tortebat — Jouvenet (J.), d'après lui-même — La Chaise (R. P. de) — Savoye (M. J. Bapt. D$^{sse}$ de). Quatre pièces. Belles épreuves.

652. Molinet (Cl. du), 1689 — Du Buc (Dom A.), d'apr. P. Simon, 1689 — Le Tourneux (N.), d'apr. Compardel — Huet (P. Daniel), (1695) — Menestrier (P. Claude), d'apr. P. Simon. Cinq pièces. Belles épreuves.

653. Le Petit (Denise Camusat, M$^{me}$ P.), 1697 — Hosdier (J.), d'apr. H. Le Febvre, 1682 — Trémoille (Calliope de la), d'apr. De Troy — Feret (Hipp.), d'apr. R. Nanteuil — Lamoignon (C. C. F. G. de), 1688 — Cotte (Robert de), d'apr. Tortebat. Six pièces. Belles épreuves.

## VALCK (Gerard)

654. Mancini (Hortense), d'apr. P. Lely. Belle épreuve.

## VALDOR (Jean)

655. Loncini (O.), 1622 — Saluthio (B. à), 1627 — Bellarmin (Robert) — S$^{te}$ Catherine de Sienne — Borgia (Franç.), attribué. Cinq pièces. Belles épreuves.

## VALLÉE (Simon)

656. Savary (J. F.), d'apr. F. de Troy — Troy (J. de), d'apr. F. de Troy. Deux pièces. Belles épreuves.

## VALLET (Guillaume)

657. Corneille (Pierre), d'apr. A. Paillet, 1663. Belle épreuve. Rare.

658. Cambolas (Ang. de), d'apr. A. Paillet — Gonzague (L. de) — Le Camus (Et.), d'apr. J. Guinier, 1687 — Du Laurens (P.), d'apr. A. du Buisson, 1670. Quatre pièces. Belles épreuves.

### VANGÉLISTI (Vincent)

659. Vergennes (Ch. Gravier, Cte de), d'après Callet. Superbe épreuve.

### VANGÉLISTI — VALPERGA

660. Contant d'Ivry (P.), d'apr. Houel — Wille fils (P. A.), d'apr. lui-même — Richelieu (M[al] de), d'apr. Gault de St Germain — Delille (J.), d'apr. A. Pujos — Arnaud (F.), d'apr. Duplessis, *av[t] l. l.* Cinq pièces. Belles épreuves.

### VARIN — VINSAC — VOYEZ — VOYSARD

661. Talleyrand-Périgord (A. A. de), d'apr. Wilbaut — Des Essarts, d'apr. Pujos — Abbé Mably — Penthièvre (Duc de) — Beauteville (de) — Pie VI. Six pièces. Belles épreuves.

### VARIN (Pierre Adolphe)

662. Artistes et Littérateurs. Vingt-huit pièces *avant la lettre* (sauf trois).

### VERMEULEN (Cornélis-Martin)

663. Louis XIV, d'apr. Gueslin. In-fol. Belle épreuve. Rare.

663 *bis*. Louis XIV, d'après N. Mignard. Grand in-fol. Encadré.

664. Broglie de Revel (Ch. A.), d'apr. H. Rigaud-Meyercron (H.), d'apr. le même. Deux pièces. Très belles épreuves.

665. Mignard (P.), d'apr. lui-même — Roettiers (Joseph), d'apr. N. de Largillière. Deux pièces. Belles épreuves.

666. Aumont (Jean), d'apr. A. Berault — Hermant (G.) — Borcht (N. van der), d'apr. A. van Dyck. Trois pièces. Belles épreuves.

667. La Marche de Parnac (H.), d'apr. Sparrewer — Jaillot (A. H.), d'apr. Culin — Brunenc (J. de), d'apr. H. Rigaud. Trois pièces. Très belles épreuves.

668. Haeften (B.) — Le Fevre de Caumartin (L. U.) d'apr. F. de Troy — D'Anglebert (J. H.), d'apr. P. Mignard — Sirmond (P. Jacques), *avant toute lettre*. Quatre pièces. Belles épreuves.

669. Téniers (Joes Chrisostome), d'apr. E. Quellinus — Haslé (Louis), d'apr. de Cany — Bertin (P. V.), d'apr. N. de Largillière — Phelypeaux (Balth.) d'apr. P. Mignard — Noailles (L. Ant. de), d'apr. N. de Largillière. Cinq pièces. Belles épreuves.

### VICO (Eneas)

670. Charles-Quint, 1550 (B. 251). Belle épreuve. Rare.

### VIÉNOT (Nicolas) — RAGOT (Franç.)

671. Gaston d'Orléans — La Force (Maréchal de) — Richelieu (C^al^ de). Trois pièces. Belles épreuves.

### VILLAMENA — PITTERI — ROSSI (J.), etc.

672. Clément VIII — Le Brun (M^me^ Vigée) — B. J. Labre — Farnèse (C^al^) — Borromino (Fr.) — Schulemburg (C^te^ de). Six pièces. Belles épreuves.

### VISSCHER (Corneille)

673. Bouma (Gelius de) (S. 89.) Très belle épreuve à grandes marges.

674. Coppenol (93). Très belle épreuve *avant toute lettre*.

675. Tête de vieille Paysanne (Portrait supposé de la mère du graveur). Belle épreuve.

### VISSCHER (les)

676. Vondel — Merius (J.) — Nassau (Catherine de) — Anne d'Autriche — Marie Stuart. Cinq pièces.

### VORSTERMAN (Lucas)

677. Maugis (Cl.), d'apr. Ph. de Champaigne — Isabelle Claire-Eugénie, Infante d'Espagne, d'apr. A. van Dyck — Extase de St François — Puget de la Serre, d'apr. N. V. Horst. — Bourbon (Charles, Connétable de) — Arundel (Cte et C[sse] d'), d'apr. A. van Dyck — Charles-Quint, d'apr. Titien — Maximilien, Archiduc d'Autriche. Huit pièces.

### WEERT (Jacques de)

678. Alvarès (Ferdinand). Belle épreuve. Rare.

### WIERIX (Jean, Jérôme et Antoine)

679. Aquaviva (Cl.) — Laynez (J.) Deux pièces. Très belles épreuves.

680. Bosquet (J.) (A. 1870). Très belle épreuve.

681. Dorleans (L.), d'apr. O. Venius. Belle épreuve.

682. Henri III, roi de France, 1586. Très belle épreuve.

683. Ignace de Loyola. Deux pl. diff. Très belles épreuves.

684. Nonius (A.) (1991) — Aquanus (C.) — Ste Amelberge. Trois pièces.

685. Rodolphe, roi de Bohême — Philippe II, roi d'Espagne — Mercœur (Ph. Emm. duc de). Trois pièces. Belles épreuves, la dernière sans marges sur 3 côtés.

686. Guillaume, Cte Palatin du Rhin — Mercœur (Ph. Emm. duc de) — Autriche (Albert, archiduc d'). Trois pièces. Belles épreuves.

687. Bellarmin (R.) — Albert, cardinal, archiduc d'Autriche — Philippe II, roi d'Espagne. Trois pièces. Belles épreuves.

688. Therese de Jesus (Mère) — St Charles Borromée — Charlemagne — Grégoire XIV. Quatre pièces. Très belles épreuves.

689. Realini (R. P. Bern.), 2 p[ts] diff. — Boria (Fr.) — Mercurianni (Evrard). Quatre pièces. Belles épreuves.

## WILLE (Jean-George)

690. Briseux (C. E.), Architecte (Le Bl. 135.) Très belle épreuve.

691. Louis XV, d'apr. J. Lemoyne — Fouquet de Belle-Isle, (Ch. L. A.), d'apr. H. Rigaud. Deux pièces in-fol.

692. Portrait équestre de Louis XV, d'apr. C. Parrocel et J. Chevallier (104). Grand in-fol. Superbe épreuve.

693. Maurice de Saxe, d'apr. H. Rigaud (121). Très belle épreuve.

694. Singlin (Ant. de), d'apr. Ph. de Champaigne (113). Superbe et rare épreuve du 1er état *avant toutes lettres*.

695. Tencin (P. C[al] de), d'apr. Et. Parrocel (109). Très belle épreuve du 2e état, les armoiries *non entièrement terminées*.

696. Villeroy (F. L. A. de Neufville, duc de), d'apr. J. Chevalier (119). Superbe épreuve à grandes marges.

697. Wille (J. G.), par J. G. Muller, d'apr. Greuze — Tencin (P. C[al] de), d'apr. Heilmann — Quesnay (F.), d'apr. J. Chevallier — Largillière (Marguerite de), d'apr. N. de Largillière. Quatre pièces. Belles épreuves.

698. Preisler (J. M.), 1743 — Columma (C[al]), épr. *avant les armes* — Belidor (Bernard), d'apr. L. Vigée. — Manessier de Guibermaisnil, d'apr. C. Van Loo — Parrocel (Joseph), d'apr. H. Rigaud. Cinq pièces. Belles épreuves.

## WOEIRIOT (Pierre)

699. Aneau (Barth.) (R. D. 273) — Montenay (Georgette de). Deux pièces.

## YOUNG (Jnigo)

700. Fox (Ch. James), d'apr. A. Heckel, 1797. Très belle épreuve à grandes marges.

## ZUCCHI (L.) — POLANZANI (F.), etc.

701. Silvestre (Louis de), d'apr. A. Pesne — Piranesi (J. Bapt.), 1750 — Farnèse (Elizabeth). Trois pièces. Belles épreuves.

## ZUNDT (Mathias)

702. Condé (Louis III de Bourbon, P[ce] de), 1568 — Saxe (J. Frédéric de). Deux pièces. Belles épreuves. Rares.

## ANONYMES

703. Henri III et Henri IV (avec scènes de l'assassinat de Henri III et du couronnement d'Henri IV, par Henri III) — *Arbre de Genealogie du très-invincible... Roy de France* (Henri IV.) — Marie de Médicis. Trois pièces rares.

704. Ravaillac, médaillon entouré de quatre scènes. Belle épreuve. Rare.

705. François Trouillu, l'homme cornu descouvert au pays du Mayne. In-fol. Rare.

706. Statue équestre de Louis XIV. Grand in fol. Très belle épreuve, *avant toute lettre.*

707. Fénelon. Ovale in-4. Superbe épreuve *avant toutes lettres, impr. en couleurs.*

708. Quesnel (Pasquier) — Paris (François de) — De Sangins (C. F.). Vingt-deux pièces. Belles épreuves.

709. Louis XV, à cheval. Dessin calligraphique sur vélin.

710. Bolureau, doyen des peintres, marchand d'estampes, mort en 1745. *Dessin* à la sanguine.

711. *Serment du Roy* (Louis XVI), petite pièce de forme ronde, dessus de tabatière. Belle épreuve, *coloriée.*

712. Dugazon (M^me^) — M^lle^ Desbrosses, de la Comédie Italienne. Deux petites pièces rondes. Belles épreuves, *impr. en couleurs.*

713. Hennequin (D.), *avant toute lettre* — Alençon (Fr. de Valois duc d') — Seguier (Dominique), *avant toute lettre* — S^te^ Catherine de Sienne. Quatre pièces. Belles épreuves.

714. Habert (P.), 1636 — Harlay (Fr. de), épr. *avant toute lettre* — Gondy (J. F. de), épr. *avant toute lettre.* — Sanson (Nic.), *av^t^ t. l.* — Anne d'Autriche. Cinq pièces. Belles épreuves.

715. Lamoignon (Guill. de) — Soufflot (J. G.) — Court de Gebelin (A.) — Archevêque de Turin — Joseph II — Coetsloquet (de). Six pièces. Belles épreuves, les deux dernières, *avant toutes lettres.*

716. Fourcroi (Ch. de) — Borbonne (Anne d'Anglure, M^se^ de) — Verdun — Mabilleau (U. Aug.) — Adam, menuisier-poëte — Calatayerone (I. a), 1647 — Le Maistre de Sacy (J. L.) — Henri IV. Huit pièces.

717. Manessier-de-Maison (R. P. Mich.) — Joseph I, roi de Portugal — Prevot de Beaumont (C. G. le) — Damiens (F. R.) — Galles (Charlotte P^sse^ de) — Jourgniac S^t^ Méard — Du Monin — Richelieu — Frontispice. Neuf pièces.

718. Carrette (J.), 1670 — S^t^ Vincent de Paul — Merindol (Ant.) — Budé (Abel) — Innocent X — Baron (César) — Louis XIII, pièce allégorique — Broussel — Catherine de Médicis — Paré (Ambr.) — Lorraine (Louise de). Onze pièces.

719. Autriche (Anne Marie d') — Anne, Impératrice-Reine — Percius (Th.) — Belloy (J. B. de) — Récamier (M^me^) — Hutchinson, Wilson, Bruce — Le républicain Desessarts, dessin et gravure — Charge sur Garat — M^lle^ Maillard — Arnould (Sophie), av^t^ l. l., etc. Quinze pièces.

720. Sous ce numéro, il sera vendu par lots environ 1,500 portraits, la plupart anciens.

IMPRIMERIE FRAZIER-SOYE

153-157, RUE MONTMARTRE

PARIS

www.ingramcontent.com/pod-product-compliance
Ingram Content Group UK Ltd.
Pitfield, Milton Keynes, MK11 3LW, UK
UKHW021552260726
13993UKWH00002B/796